비상계엄

비상계엄
나이 50 넘어 깨달은 것

초판 1쇄 발행 2025년 4월 11일

지은이 정재용
펴낸이 장길수
펴낸곳 지식과감성#
출판등록 제2012-000081호

주소 서울시 금천구 벚꽃로298 대륭포스트타워6차 1212호
전화 070-4651-3730~4
팩스 070-4325-7006
이메일 ksbookup@naver.com
홈페이지 www.knsbookup.com

ISBN 979-11-392-2527-3(03810)
값 15,000원

• 이 책의 판권은 지은이에게 있습니다.
• 이 책 내용의 전부 또는 일부를 재사용하려면 반드시 지은이의 서면 동의를 받아야 합니다.
• 잘못된 책은 구입하신 곳에서 바꾸어 드립니다.

지식과감성#
홈페이지 바로가기

비상계엄

나이 50 넘어 깨달은 것

정재용 지음

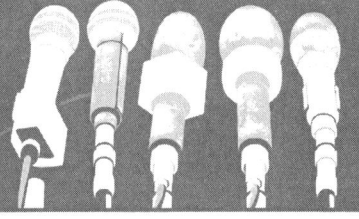

**진실과 거짓이 섞인 세상 속,
우리는 스스로 생각하는 힘을 길러야 한다.**

작가의 말

공자 왈 "나는 15세에 공부를 하겠다는 뜻을 세웠고, 30세에 이르러 일가견을 지니게 되었으며, 40세가 되어서는 유혹에 흔들리지 않게 되었고, 50세에는 천명을 깨닫게 되었고, 60세가 되어서 다른 사람의 말을 편히 듣게 되었다." 했다. 벼는 익을수록 고개를 숙인다는 속담이 있는데 비로소 이 경지에 올랐다는 말로 들린다. 40세를 불혹(不惑)이라 하는데 미국의 링컨 대통령은 "마흔이 넘으면 자기 얼굴에 책임을 져야 한다(Every man over forty is responsible for his face)."라는 말을 했다. 이는 어렸을 때 얼굴은 부모님이 그렇게 낳아준 것이니 문제를 삼으면 안 되지만, 마흔 이후의 얼굴은 스스로 만드는 것이므로 자신의 얼굴에 책임을 져야 한다는 말이다. 링컨은 마흔 이후에는 살아온 과정이 얼굴에 그대로 남는다고 믿었다.

공자는 30세에 이르러 일가견을 지니게 되었다는데 나는 50살을 훌쩍 넘기고도 아직 독자적인 견해를 갖지 못했다. 돌이켜 보면 먹고 살기 위해 대부분의 시간을 흘려보냈다. 그 와중에 윤석열 대통령의 비상계엄을 지켜보며 평상시 지나쳤던 생각을 돌이켜 보았다. 미리 밝히지만 내가 생각한 바가 틀릴 수 있으니 그저 50세 중반을 넘긴 일반인의 생각이라 봐 줬으면 한다.

  사실 모든 현상을 명확히 다루고 싶지만 진실을 찾는 건 결코 쉬운 일이 아니다. 지금 이 순간에도 수많은 가짜 정보가 눈을 가리고 있기 때문이다. 가급적 사실에 기초하고자 하나 내 생각을 정리한 것이니 책을 읽으며 옳다 그르다 시시비비를 가리지 않았으면 좋겠다. 그냥 '이런 생각을 하는 사람도 있구나!' 하는 정도로 이해해 줬으면 한다.

  종교와 정치, 사상은 한번 고착되면 바꾸기 힘들다. 그래서 행복한 삶을 위한 종교와 정치, 사상이 오히려 분란의 씨앗이 되기도 한다. 특히 자신의 생각이 옳기에 상대방의 잘못된 생각을 바꾸겠다는 아집이 문제다. 그런 이유로 싸우기 싫어서 종교와 정치, 자신의 사상을 아예 얘기하지 않는 사람도 많다. 종교나 사상은 서로 강요하지 않으니 부딪힐 일이 별로 없다. 광신도나 타인의 종교를 부정하지, 대체로 서로의 종교를 인정하기 때문이다. 사상가도 많지 않아 어떠한 신념으로 논쟁을 벌일 일도 적다. 대체로 다 고만고만하기에 자신의 견해를 굳이 남에게 전파하지 않는다. 또한 대다수의 사람들은 생각하는 대신 종교에 의지해 자신의 삶을 맡긴다. 자신의 문제를 스스로 해결하지 않고 신이 다 해결해 줄 것이라 믿는다. 심지어 자신이 지은 죄를 신이 용서해 줄 것이라 한다. 그래서 종교인이 비종교인보다 더 타락한 경우도 비일비재하다. 애초에 돈과 권력욕으로 종교를 이용하는 사람도 많다.

　정치는 종교나 사상보다 더 크게 반목할 수 있다. 똑같은 사건을 봐도 각자의 생각이 다르듯 완전히 갈린다. 그래서 갈등과 반목이 쌓인다. 가령 2024년 1월 2일 10시 27분경, 신원 미상의 남성이 가덕도 신공항 부지를 둘러보던 더불어민주당 이재명 대표의 왼쪽 목 부위를 칼로 찔렀다. 그런데 이를 열상으로 보도한 언론도 있고 자작극이라 주장하는 유튜버도 있었다. 게다가 사건 현장을 보존해야 할 경찰이 급히 물청소를 했다. 그래서 혈흔이 없다며 자작극이라는 음모론이 더 확산되었다.

　2024년 12월 3일 10시 28분경, 윤석열 대통령이 긴급 브리핑을 통해 전국 단위의 비상계엄을 선포했다. 명분으로는 "종북과 반국가 세력을 척결하고 자유대한민국을 수호하겠다."라는 것이다. 아울러 계엄사 포고령 제1호를 통해 ① 국회 및 정당의 정치활동 일체 금지, ② 모든 언론과 출판의 자유 통제, ③ 전공의 및 의료인 불복종 시 처단, ④ 재판 절차나 영장 없는 일방적인 체포, 구금, 압수수색 등 전 국민의 정치적·사회적 기본권을 박탈하는 통제 조치를 선언했다. 이로 인해 한국 사회가 요동쳤다. 윤석열 대통령은 헌법 제77조 4항에 의거 계엄선포 즉시 국회에 보고해야 하나 오히려 군을 동원해 국회의 기능을 마비시키려 했다. 제77조 5항에는 국회가 재적의원 과반수의 찬성으로 계엄의 해제를 요구한 때에는 대통령은 이를 해제하여야 한다. 따라서 정당 활동을 금지시킨 포고령과 국회의원을 구금하려 한 행위는 위법할 뿐 아니라 오히려 형법 제87조(내란)에 따른 '친위 쿠데타'인 것이다. 그런데 여당 의원이나 10%대의 지지자들은 비상계엄 자체를 윤석열 대통령의 통치행위라 믿고 있다. 아니 그렇게 선동하고 있다. 그들은 자신의 이익을 위해 "사실이 중요한 게 아니라 그렇게 믿게 만들려" 한다.

비상계엄에 맞선 국회의원들은 2024년 12월 4일 오전 0시 47분경, 본회의를 개의하여 재석 190명 전원 찬성으로 비상계엄 해제 요구결의안을 통과시켰다. 그 와중에 여당의 추경호 원내대표는 투표를 방해하려고 자당 의원들을 국회가 아닌 당사로 모이게 하여 공분을 샀다. 2024년 12월 4일 오전 4시 28분경, 윤석열 대통령은 비상계엄 해제 선언을 했다.

이후 2024년 12월 7일 오후 6시경, 윤석열 대통령에 대한 탄핵소추안이 국회 본회의에 상정되었다. 이에 여당 의원들이 집단 퇴장하여 재적의원 300명 중 195명만 표결에 참여하여 부결되었다. 2024년 12월 14일 오후 4시경, 윤석열 대통령에 대한 2번째 탄핵소추안이 상정되어 재적의원 300명 중 찬성 204표, 반대 85표, 기권 3표, 무효 8표로 가결되었다.

비상계엄 선포는 1979년 이후 45년 만이며 1987년 민주화 이후 처음이다. 국민들의 탄핵 집회와 일련의 사태를 지켜보며 민주주의가 거저 얻어지는 것이 아닌 수많은 희생으로 받아 낸 값비싼 결과라는 것을 느꼈다. 나와 같은 생각을 하는 사람도 많으나 나와 다른 생각을 하는 사람도 있기에 이번 기회에 글로 남기려 한다.

차례

작가의 말 4

언론의 이중성 10
올바른 가치관 27
인생은 유한하다 50
성공하는 법 72
비상계엄 99
역사는 돌고 돈다! 137
너의 생각은? 164
글을 마치며 193

언론의 이중성

 내 생일은 음력으로 1969년 11월 말이고 양력으로는 70년 1월 초이다. 나는 40년 넘게 살면서 정치에 관심이 없었다. 그런데 2009년 5월, 노무현 대통령의 서거 이후 조금씩 정치에 관심을 가지게 되었다. 그 당시 모든 언론은 노무현 대통령을 상당히 부정적으로 보도했다. 심지어 "이게 다 노무현 탓"이라는 말까지 유행했던 것으로 기억한다. 또한 서민 대통령으로 권위주의를 타파했던 것은 확실하다. 나는 권위주의를 타파하는 것도 좋지만 때에 따라서는 권위를 세우는 것도 필요하다 생각했다.
 나에게 노무현이란 임기 내내 잘하는 것은 하나도 없고 잘못만 하는 그런 대통령, 그래서 탄핵까지 갔다가 살아난 대통령이었다. 그런 잘못만 하는 대통령이 서거했는데 국민들의 반응이 놀라웠다. 정말 진심으로 슬퍼하고 노무현을 재조명했다. 그 뒤로 2013년 12월에 개봉한 「변호인」이라는 영화를 보게 되었다. 영화를 통해 상고 졸업 후 변호사가 되어 많은 돈을 벌었고 나중에 인권변호사가 되는 과정을 알게 되었다. 감독이 영화로 미화할 수는 있지만 기본적인 사실관계는 다르지 않을 거라 믿는다. 그 뒤로 인터넷이나 유튜브 영상으로 접한 소식들은 방송이나 신문에서 나온 내용과 많이 달랐다. 기존 방송이 아닌 인터넷으로 개개인이 정보를 제공했기에 가능했던 것이다.

우리 아버지는 시골에서 살다 20대 후반에 서울로 상경하였다. 그 당시 슬하에 2명의 자녀가 있었고 서울에서 2명의 자녀를 더 낳았다. 누나와 막둥이인 난 서울에서 태어났다. 농사에 소질이 없던 아버지는 3개월 치 사글세 정도의 현금만 들고 상경하여 닥치는 대로 일을 했다. 문방구를 하며 목돈을 만졌으나 가게를 비워 달라 하여 창신동을 거쳐 면목동으로 이사했다. 그 후 면목 시장에서 옷 가게를 하다 잘 안되어 구멍가게를 했다. 주변에 구멍가게가 늘어 매상이 줄어들자 업종을 바꿨다. 쌀과 연탄을 팔다가 1985년쯤 방앗간을 시작해 70세까지 일을 했다.

아버지는 면목동에 자리를 잡아 오랫동안 통반장을 했다. 그래서 여러 종류의 신문을 봤다. 정확히 기억하진 못하나 통반장에게는 무료로 준 것 같은데 매일 3부 정도 봤다. 서울신문도 그중 하나였는데 난 오랫동안 서울시에서 발행한 신문인 줄 알았다. 서울신문과 조선일보는 계속 봤고 경제신문은 덤으로 준 것 같기도 하다. 나중엔 경향신문, 한겨레 등은 내가 따로 챙겨 보기도 했다.

그런데 같은 사건을 다루는 신문사의 논조가 완전히 달랐다. 같은 사건인데도 학생들의 데모를 비판하는 기사와 무리한 진압을 비판하는 기사로 나뉘었다. 또한 기자마다 보는 시각이 달랐다. 그 뒤로 20대 후반에 인터넷으로 본 기사도 마찬가지였다. 한 여고생이 임대 아파트 계단 창문에서 뛰어내려 사망한 사건이 있었다. 한 신문사는 계단 바닥에 담배꽁초가 널려 있고 창문으로 뛰어내려 사망했다고 간략히 전했다. 다른 신문사는 과거 가출한 전력이 있고 학교에 적응하지 못한 불량 청소년으로 몰았다. 반면 또 다른 신문사는 불우한 가정환경에서 자라 사회에서 제대로 보살펴 주지 못한 공동책임이라 했다. 신문은 객관적 사실을 보도하지만 기자에 따라 주관적 판단이 작용하기도 했다. 이런 사회문제와 다르게 정치문제는 신문사의 성향에 따라 완전히 극단적으로 나뉜다. 마치 보수 유튜버와 진보 유튜버가 같은 소재로 완전히 다른 방송을 하는 것처럼 심각하다. 자극적인 기사로 수익을 얻으려는 사람도 문제지만 정치적 신념으로 가짜 뉴스를 퍼 나르는 사람이 더 문제다.

나는 초등학생 때, 빨갱이는 우리와 다른 변종인 줄 알았다. 「똘이장군」에 몰입해서일지도 모른다. ― 참고로 「똘이장군」은 반공 만화영화인데 빨갱이는 늑대로 나오고 수령은 붉은 돼지로 나온다. ― 혹은 학교나 사회적 분위기에 의해서 그렇게 배운 게 아닌가 싶다.

또한 초대 대통령인 이승만에 대해 매우 궁금했다. 초대 대통령이라 하면 훌륭한 사람일 텐데 아무도 칭송하는 사람이 없었다. 학교 선생님이나 주변 어른들 중에서 이승만 얘기를 하는 사람이 없었다.

우리 아버지는 매일 신문을 읽었고 텔레비전은 주로 뉴스나 「동물의 왕국」을 보았다. 그래서 덩달아 신문과 뉴스를 많이 보게 되었다. 대략 중학생 때부터 꾸준히 봤고 가장 기억에 남는 영화는 20대 전후에 본 것이다. 주인공은 기자였고 부패한 정치인을 까발리는 사회고발 영화였다. 선한 모습으로 국민들의 지지를 받는 정치인이 뒤로는 온갖 악행을 저질러 기자가 파헤치는 내용이다. 결말은 잊었는데 권선징악이 아닌 진행형으로 끝났던 것 같다. '이럴 수도 있겠다.'라는 생각을 심어 준 영화였다. 그 이후로 난 말과 행동이 다른 사람을 신뢰하지 않는다.

 면목동은 지금도 그렇지만 예전에도 낙후된 곳 중 하나였다. 그에 반해 노원이나 중계동 같은 곳은 허허벌판이었지만 대규모 아파트 단지 건설로 오히려 좋아졌다. 고등학생 때 반 친구가 아파트에 입주해서 집들이를 했는데 허허벌판에 아파트가 듬성듬성 들어선 상태였다. 사람들은 면목동을 빗대어 면목 없는 동네라 하는데 사실 '목장을 앞에 둔 동네'라는 뜻이다. 조선시대 이 지역에 말을 키우던 목장의 문이 구문계, 문계, 곰계 등으로 불리며 위치했던 데서 유래했다니 도심에서도 변두리가 맞다.

 아버지가 구멍가게를 할 때는 괜찮았지만 쌀과 연탄을 팔 때는 일손이 부족했다. 겨울이면 사람을 쓰기도 했지만 말없이 안 나오거나 속을 썩여 아버지 혼자 연탄을 배달했다. 그래서 중학생 때부터 아버지를 도와 연탄을 날랐다. 그 당시 아버지가 수고비로 리어카당 500원의 용돈을 주셨는데 나중엔 안 받았다. 그때 용돈을 계속 받아서 저축하고 돈을 굴리는 법을 배웠어야 했는데 그런 생각을 하지 못했다. 나는 한 번도 가난에 대해 부끄럽게 여기지 않았다. 형이 입던 옷을 물려 입는 것도 당연한 것이라 생각했다. 그런데 그런 것들이 자랑스러운 일이 아니라는 것은 한참 뒤에나 알았다. 그 당시 초라한 것을 당연하게 여기지 않았다면 지금보다 훨씬 더 성장했을 것이다. 난 아버지를 보면서 부지런하고 정직하면 먹고사는 데 아무 문제가 없다고 생각했다. 하지만 욕심이 없으면 더 이상 발전하지 못한다는 것은 생각조차 하지 못했다.

아버지는 경기도 평택, 빈농의 집안에서 태어났지만 서울의 친척 집에 머물며 고등학교를 다녔다. 입학 후에는 6.25 전쟁이 터져 학업을 중단했다가 전쟁이 끝날 무렵에는 3학년이 되었다. 6.25 전쟁 때문에 고등학교를 1년밖에 못 다니고 졸업했다고 했다. 또한 고등학교 3학년 때 할아버지가 돌아가셔서 가세가 더 기울었다. 빈농의 집안에 가장마저 없으니 홀어머니 밑에서 동생들 뒷바라지를 해야 했다. 그러니 먹고사는 일보다 더 중요한 게 없었다. 아버지는 고등학교 졸업 후 평택의 미군기지에서 일하며 가족의 생계를 책임졌다. 그래서 농촌에서 살았지만 농사일을 전혀 몰랐다. 아버지는 결혼 후 시골서 두 자녀를 낳아 살다가 서울로 상경했다. 그때 친척 집 가게를 얻어 문방구를 처음 시작했다. 1년간 장사가 아주 잘되었는데 가게를 비워 달라 해서 이사를 했다고 한다. 그 뒤로 두어 차례 이사하여 면목동에 자리 잡았다.

난 결혼하기 전까지 명절 때나 연말연시에도 방앗간 일을 도왔기에 동네 친구들의 모임에 거의 참석하지 못했다. 어느 순간 가족들을 고생시키고 싶지 않다는 마음에 월급쟁이 아버지를 둔 친구가 가장 부러웠다. 그래서 사업을 하겠다는 생각보다는 월급쟁이가 되려 했다. 그리고 진짜 중요한 것은 내 주변에 사업가가 없었다. 20대 초반에 내가 방앗간을 하게 되면 사람을 써서 규모를 키워 보겠다는 생각도 했지만 그것은 사업이 아니라 장사일 뿐이다. 한참 뒤에야 깨달았지만 장사와 사업은 근본적으로 다르다.

나는 당시, 현대 정주영 회장만큼 큰 부자가 되지 못할 바에는 평범한 직장인이 되고 싶었다. 괜히 아등바등 고생하며 돈을 좇느니 가족들 고생시키지 않는 출퇴근 정확한 직장인이 되어 친구도 편히 만나고 싶었다. 나이 50을 넘겨 뒤돌아보니 지금껏 내 바람대로 되었다. 비록 지하에서 일했지만 교대근무를 하다 보니 칼출근, 칼퇴근을 했다. 명예퇴직을 할 때까지 특별한 경우에만 몇 번 늦게 퇴근했다. 게다가 공기업인 만큼 정년이 보장된 곳이다.

하지만 27년째 일하다 보니 월급쟁이가 싫어졌다. 현업에선 일을 열심히 하나, 대충 하나 월급이 똑같다. 그러나 본사에서 일하면 현업보다 진급도 빠르고 성과급도 잘 받았다. 하지만 본사는 많은 간부들과 일하며 퇴근 시간이 일정치 않아 대부분 기피하는 곳이었다. 현업은 교대근무 위주로 일하고 본사는 일근 위주로 근무하기에 워라밸이 없긴 했다. 간혹 동기들이나 후배들이 진급 타령을 하면 속으론 '본사로 가면 될 텐데…' 하는 생각을 했다. 본사를 기피하는 사람이 많아 지원하면 충분히 갈 수 있었다. 진급이 목표라면 현업에서 투덜 댈 것이 아니라 본사에 가서 열심히 일하면 된다는 생각이었다. '내가 뭔가를 얻기 위해선 나도 뭔가 내줘야 한다.' 간부들에게 술을 사거나 명절마다 선물로 환심을 사는 사람도 있는데 그것도 능력이라 생각했다.

  문제는 일을 잘하는 사람이 진급하면 뒷말이 없지만 일을 못하는 사람이 진급하면 뒷말이 나오긴 했다. 난 술도 못하는 데다 아부하는 것도 싫었다. 그런데 아부와 마음에서 우러나오는 예의는 별반 차이가 없다. 윗사람 입장에선 자신을 좋아해서 잘 따르는 것인지 아님 잘 보이려 아첨하는 것인지 분간하기 힘들 것이다. 내가 만난 상사 중에는 진심으로 존경하고 따르고 싶은 사람이 없었다. 내가 존경한다는 것은 그 사람처럼 되고 싶은 사람을 말하는 것이다. 그나마 운 좋게 마음이 맞는 상사나 동기, 후배들은 있었다. 교대근무의 장점은 출퇴근이 정확하고 낮 시간을 활용할 수 있다는 것이다. 단점은 밤에 일해서 불규칙한 수면 때문에 건강관리에 유의해야 한다는 점이다. 또한 내가 근무한 곳은 지하였기에 더 신경 써야 했다.

  독일에서의 연구 결과 "교대근무 후 은퇴한 사람은 평균 수명이 10년 정도 줄어든다."라고 한다. 어느 순간 월급쟁이가 싫어졌는데 그 이유는 몇 가지가 있다.

  첫째, 열심히 일하나 하지 않으나 월급은 똑같고 성과급도 A, B, C, D 중 거의 B였다. 노동조합에 가입하면 노조에서 성과급을 맞춰

주기에 성과급은 큰 의미가 없었다. 노조의 논리는 혼자 일하는 것이 아니고 같이 일하는 것이니 동료들과 상생하자는 거였다. 틀린 말은 아니기에 성과급을 일부 양보했지만 정말 일을 안 하는 사람들이 있긴 했다. 본사에서 근무하는 사람들은 노조를 탈퇴한 사람들이 많아 성과급 균등 분배는 물론 조합비도 안 냈다.

둘째, 내 미래가 뻔했다. 퇴직한 선배들을 보면 다 고만고만해서 나도 다를 바 없었다. 개중엔 집안이 좋아서 퇴직을 해도 넉넉하게 사는 사람도 있지만 대부분 한 달 벌어 한 달 먹고사는 생계형 직장인이다. 1급 간부나 돼야 퇴직해도 관련 업체로 재취업하지 대부분 별 볼 일 없는 일을 하고 있다. 일이 없으면 의료보험이나 국민연금 내는 것도 버거울 것이다.

셋째, 새로운 일을 해 보고 싶었다. 내가 선택한 월급쟁이지만 이제 장사나 사업을 하고 싶었다. 어차피 일할 거면 제대로 일하고 제대로 보상받고 싶었다. 내 미래가 뻔했기에 10년 정도 열심히 일해서 미래를 바꾸고 싶었다. 하지만 내 월급이 결코 적지 않기에 다른 일을 해도 이만큼 버는 건 쉽지 않았다. 그렇다고 마음이 떠난 후에 억지로 일하는 것도 싫었다. 그래서 1년 정도 고민하다 명예퇴직을 했다. 내가 직장만 다녔으면 결단을 못 내렸을 것이다. 하지만 2008년부터 부업으로 경매를 했기에 최악의 경우 공인중개사 사무실에 취직할 생각도 했다. 돈이 없어 대출받은 돈으로 소액투자를 했지만 일반인보다는 부동산 매매 경험이 많았다.

솔직히 정년이 보장된 공기업을 스스로 그만두는 건 쉽지 않았다. 하지만 직장을 다니며 새로운 일을 찾는 것도 만만치 않았다. 계속 미루다 보니 퇴직을 못 할 것 같아 먼저 퇴사하고 1년 정도 놀더라도 새로운 일을 찾아 보기로 했다. 결정적으로 내가 부자는 아니지만 그렇다고 가난하지도 않았다. 비싼 집은 아니지만 경기도 호평동에 아파트도 있고 경매로 받은 부동산도 있었다. 또한 아버지가 돌아가실 때 상속받은 부동산도 있었다. 대출도 껴 있지만 나보다 재산이나 직업, 부동산 지식이 적은 사람도 잘 사는데 너무 과한 욕심으로 회사를 그만두지 못한다는 생각이 들었다. 그래서 아내의 만류에도 불구하고 먼저 그만두고 나중에 들켰다. 아내는 전업주부였기에 내가 퇴사하는 것을 극구 반대했다. 하지만 나중에 알게 되었을 때 이미 엎질러진 물이라 크게 나무라진 않았다.

이왕 다른 일을 하게 되면 사업이란 걸 해 보고 싶었다. 아버지가 했던 방앗간은 사업이 아니라 장사였다. 사업과 장사의 가장 큰 차이는 규모가 아니라 시스템이다. 내가 열심히 일해야 굴러가는 것은 장사고, 내가 일하지 않아도 스스로 굴러가는 것은 사업이다. 물론 잘 굴러가도록 시스템을 만들 때까지는 누구보다 열심히 헌신해야 한다. 하지만 시스템을 만들면 그 뒤로는 '일하고 싶을 때만 일해도 되는 게 사업'이다.

내가 생각하는 부자의 정의는 '내가 하고 싶은 일을 마음껏 할 수 있는 시간과 돈이 넉넉한 사람'이다. 어차피 일할 거 좀 더 고생하더라도 목돈을 벌어 보고 싶었다. 난 군대에서 휴가 나왔을 때도 아버지를 도와드렸는데 생각해 보면 막내의 장점이 하나도 없었다. 큰형은 일찍 외국으로 가서 소식을 끊었고 작은형은 결혼 후 지방으로 내려가 일했다. 누나도 시집가서 먼 지방에서 살았기에 내가 부모님 집에서 제일 가까웠다. 그러니 결혼 후에도 집안에 일이 생기면 다 내 몫이었다. 사실 아버지는 형들이 안 한다 하니 방앗간을 나에게 물려주고 싶어 했지만 나도 거절했다. 아내가 공기업을 그만두고 방앗간 하는 걸 반대했는데 나 혼자 할 수 있는 일이 아니었다. 아예 직원을 두고 식당이나 매장에 납품하는 영업도 고려했다. 하지만 내가 절실히 원한 것이 아니기에 딱 거기까지였다.

그 뒤로 아무 생각 없이 회사에 다녔다. 그러다 이명박 정부 시절, 사장이 바뀌며 위기의식을 느꼈다. 취임하자마자 툭하면 조직개편을 하고 온갖 공사를 벌였다. 노조 간부도 대량 해고 하고 분위기가 안 좋아 뭐라도 해야만 할 것 같았다. IMF 때도 3년간 진급이 없었고 월급이 줄어든 것 외에는 크게 걱정하지 않았다. 하지만 새로 온 사장은 직원들에게 성과를 강요하며 계속 들쑤셨다. 2번 연속 낮은 등급을 받으면 교육을 받아야 했고 거기서도 통과하지 못하면 옷을 벗어야 했다. 물론 연속으로 낮은 등급을 받긴 어렵겠지만 이때 평생직장 개념이 없어졌다. 그래서 고민 끝에 '돈을 벌어야겠다.' 하고 선택한 것이 부동산 경매였다.

그 당시 경매는 '망한 사람 돈 뺏는 것'처럼 인식이 안 좋아 많이 고민했다. 그래서 미루고 미루다 2007년 말에 『나는 쇼핑보다 경매 투자가 좋다』 박수진 저자의 출판 기념 강의를 들었다. 그 뒤로 『39세 100억 젊은 부자의 부동산 투자법』 저자인 이진우 소장의 무료 강의를 들었다. 정규 부동산 강의를 듣고 싶어도 교대근무 특성상 꾸준히 다닐 수 없었다. 그때 박수진 씨는 고수가 아니었고 이진우 소장도 나중엔 다단계로 빠졌다. 뒤돌아보면 이진우 소장은 기획부동산 출신이라 무료 강의를 미끼로 사람들을 이용한 것이 아닌가 싶다. 그것도 모르고 나중엔 유료 강의도 들었는데 깊이는 없었다.

경매 공부도 제대로 하지 않고 돈 욕심에 2008년 3월, 처음으로 낙찰받은 부동산이 '충남 태안군 안면읍 창기리에 소재한 농지 지분'이었다. 두 번째도 충청도에 있는 땅을 낙찰받았는데 다 잘못 받은 물건이다. 그 뒤로 경매 공부를 하며 해마다 한두 건씩 낙찰받았다. 하지만 자본금이 부족하다는 이유로 남들이 쳐다보지도 않는 물건을 받았다. 그래서 초기에 받은 것들은 다 실패했다. 처음부터 고수를 만났다면 내 삶이 많이 바뀌었을 것이다. 그나마 포기하지 않고 꾸준히 버텨 지금은 손해 보지 않을 정도의 실력은 된다. 하지만 경매는 재테크의 수단으로 크게 도움이 되지 않는다. 취등록세는 물론 보유세와 양도세를 빼면 남는 게 없다. 게다가 좋은 물건이 자주 나오는 것도 아니고 지금처럼 이자가 높으면 오히려 손해를 볼 수도 있다.

그래서 요즘은 22%의 세금을 내더라도 미국 주식에 투자하고 있다. 2013년부터 2022년까지 10년간 미국 주식 S&P 500 지수 연평균 수익률이 12.6%일 때 한국 주식은 1.9%밖에 안 되었다. 2009

년 6월 말부터 2024년 6월 말까지 15년간 미국 주식 S&P 500 지수 연평균 수익률은 12.6%일 때 한국 주식 수익률은 4.8%였다. 미국의 S&P 500지수는 1957년부터 2023년까지 연간 평균 10.32%의 성장을 보였다. 마이너스 손실을 기록한 해도 있지만 장기적으로 우상향했다.

일용직 근로자는 하루 벌어 하루 먹고살고 월급쟁이는 한 달 일하고 한 달 먹고산다. 일을 해야만 먹고살 수 있다면 몸이 아플 때는 생존할 수 없다. 그래서 일을 안 해도 돈이 들어오는 수익은 생존에 꼭 필요한 것이다. 투자의 결실이 불로소득인데 이것이 나쁘다고 하는 사람은 경계해야 한다. 본인이 투자를 안 해 봤거나 근로소득만 옳다고 선동하는 것이다. 이는 평생 일만 하다 죽으라는 소리와 다름없다.

나는 2008년부터 명예퇴직할 때까지 부업으로 경매를 했는데 지금 생각해 보면 정말 미련했다. 야근을 하면 집에서 쉬어야 하는데 비번이나 휴무라고 경매 물건을 보러 다녔다. 아내 또한 살림을 하며 장보러 갈 때나 산책할 때 꼭 같이 다니길 원했다. 그러니 항상 피곤에 절어 쉽게 짜증을 냈다. 젊었을 때는 상갓집에서 밤을 새워도 피로가 금방 풀렸는데 나이가 들어서는 잘 풀리지 않았다. 결국, 야간 근무 후에는 집에 와서 낮잠을 자고 쉬다가 휴무에 임장을 보러 다녔다. 임장이란 경매 물건을 보러 현장에 가는 것을 말한다. 집이 남양주시 호평동이다 보니 춘천이 가까워 춘천 물건을 자주 보게 되었다.

춘천의 중도에 레고랜드가 들어선다 하여 엄청나게 좋아질 줄 알았다. 강원도와 레고랜드 브랜드를 가진 멀린그룹 간 MOU도 2009년 체결되었다. 언론에 발표된 개발계획에는 춘천이 완전히 탈바꿈할 것처럼 보였다. 하지만 지나고 보니 다 헛소리였다. 춘천뿐 아니라 전국에 개발계획이 없는 지자체가 없었다. 정치인은 개발계획으로 인기를 끌고 지자체는 세금을 걷고 업자는 투기로 배를 불린다. 투기 광풍이 끝나면 개발계획은 취소되거나 축소되어 흐지부지된다. 실제로 개발되는 경우도 있지만 대부분 폐기되었다. 오히려 지자체의 치적용 공공시설 공사 같은 경우는 막대한 세금을 낭비하면서까지 강행했다. 그 이유는 담당 공무원들이 자기 돈 쓰는 것도 아니고 나중에 문제가 생겨도 처벌받지 않아서 그런 것 같다. 나는 공사업체에서 뒷돈을 받거나 특정 업체를 밀어주려 한 것이 아닌지 의심했다.

 강원도 영월의 테마파크는 525억 원을 들였지만 공사가 중단되었고 술샘박물관은 80억 원을 들이고도 개장을 하지 못해 유지비만 쓰고 있다. 이처럼 공사하고 개장조차 못 하는 곳은 가평의 상촌역 인근 농촌테마파크도 마찬가지다. 이곳도 혈세 269억 원을 들이고 개장도 못 했다. 원주시는 폐철로에 관광열차를 도입한다고 80억 원을 들였으나 폐철로도 매입하지 않고 진행했다. 경북 영천의 한의마을은 371억 원을 들여 개관했지만 사람들이 찾지도 않는다. 3년간 운영비로 16억 1천만 원을 들였으나 수입은 3억 2천만 원밖에 안 된다. 영천의 전투메모리얼파크도 175억 원을 들여 공사했고 3년간 운영비로 5억 8천만 원이 들었으나 수익은 9천만 원이다. 지자체의 제일 큰 폐해는 사람이 찾지 않는 곳에 큰돈을 들여 애물단지를 만들고 막대한 운영비로 돈을 퍼붓는 것이다. 심지어 경상북도 청사는 안동으로 이전하며 3,920억 원을 들여 궁궐처럼 지었다. 이곳은 한 해 유지 관리비만 60억 원이 든다고 한다.

경제를 알려면 신문의 행간을 자세히 보라 한다. 하지만 이것도 참고만 해야 한다. 가령 주식으로 돈을 벌었다는 기사가 나오면 많은 사람들이 일확천금을 노리고 주식시장에 뛰어든다. 이때 부자들은 미리 사 둔 주식을 비싼 값에 팔고 나온다. 주식 초보자를 주린이라 하는데 주린이들은 가장 비쌀 때 사서 폭락할 때 팔아 손해를 본다. 물론 주식시장이 활황기라 수익을 내는 경우도 많다. 초보자가 뛰어들 때는 주식시장이 좋을 때라 너도나도 뛰어드니 갑자기 떨어지지 않는다. 하지만 수익을 올린 후 온갖 욕심에 빚을 끌어들여 투자할 쯤엔 버블로 폭락한다. 주식뿐 아니라 부동산이나 비트코인 등도 다 해당된다.

개인적인 소견으로 한국 주식은 권하지 않는다. 한국 주식과 미국 주식은 태생부터 다르다. 미국은 주주를 모아 회사를 설립하지만 한국은 회사를 키우기 위해 주주를 모집한다. 따라서 미국 회사는 주주를 우대하지만 한국 회사는 주주를 이용한다. 미국 회사는 꾸준한 성장을 목표로 하지만 한국 회사는 적당한 성장을 원한다. 한국 회사는 규모가 커지면 세금이 늘고 증여세 문제가 생긴다. 그래서 자녀에게 일감을 몰아주거나 알짜 회사를 따로 상장시켜 경영권을 지키려 한다. 이를 물적분할이라 하는데 기존 회사의 주가가 하락하는 경우가 많다. 미국 주식은 소유자(주주)와 경영자가 다르고 성장을 목표로 하기에 물적분할을 하지 않는다. 배당금 또한 미국이 한국보다 월등히 높다. 주식시장 자체도 커서 한국처럼 외부요인, 투기세력, 지라시 등으로 쉽게 흔들리지 않는다. 즉 주가조작이 쉽지 않고 주가조작 시 양형 기준이 훨씬 높다. 한국은 주가조작이 쉽고 잡혀도 형량이 낮아 자주 발생한다. 게다가 권력까지 있으면 아예 기소조차 안 한다.

부동산이 올랐다는 기사가 쏟아지면 부자들은 소유한 부동산을 팔고 가난한 사람들은 빚을 내서 부동산을 매수한다. 신문사 기자들이 부동산을 많이 보유했다면 부동산이 오른다는 기사를 쓸 것이다. 반대로 기자들이 부동산을 팔았다면 떨어진다는 기사를 쓸 것이다. 정치 또한 마찬가지다. 국민들이 원하는 기사가 아닌 사주나 기자들이 원하는 기사를 쓴다. 일제 식민 지배하에서 또는 군부독재 시절, 정권의 나팔수가 아닌 신문은 모두 폐간되었다. 조중동이 끝까지 살아남은 이유는 정권의 나팔수 역할을 충실히 했기 때문이다. 식민 지배하에서는 일본 천황을 찬양하고 해방 이후에는 이승만과 박정희 군사정권을 찬양했다. 전두환 군사정권을 거치며 스스로 권력의 중심에 들어가 이제는 자신들이 권력의 한 축이 되었다.

1967년 1월, 조선일보 방우영 회장과 조선일보 최석재 주필, 국회의원 금암 최치환, 내무부 치안국장 한옥신 등 네 명이 고급 요정에서 만나 '청룡봉사상'을 처음 논의했다. 조선일보는 그 해 '청룡봉사상'을 만들어 1967년부터 경찰 수상자를 선정했다. 민간 신문사에서 후보자의 인사 기록과 감찰·세평을 심사해 청룡봉사상을 받은 경찰은 1계급 특진했다. 심지어 군인과 교사를 대상으로 비슷한 시상식을 열고 자회사를 통해 홍보했다. 동아일보·채널A가 주최하는 '명예로운 제복상' 또한 마찬가지다. '청룡봉사상'은 조선일보 사장이 연관된 장자연 사건을 수사했던 경찰관도 받아 논란이 되었다. 이전에도 박종철 고문치사 사건을 은폐·조작한 유정방, 故 김근태 전 의원을 고문한 '고문기술자' 이근안, 부림사건 고문 가담자 송성부 등이 포함되어 있다. 결국, "경찰관에 대한 감찰 내용과 평판까지 제공하는 형식의 공동주최는 경찰과 특정 언론사와 유착관계가 생길 수밖에 없다."라는 지적 때문에 1계급 특진은 2019년 폐지되었다. 인도네시아는 재벌이 언론을 소유하여 대통령 선거에 활용하는 나라다. 그래서 재벌들이 번갈아 가며 대통령이 된다. 아니면 재벌과 권력가가 밀어주는 사람이 대통령이 당선될 확률이 높다.

기자(記者)는 한자로 기록할 기(記) 자이며 놈 자(者)이다. 즉 기록하는 놈이란 뜻이다. 하지만 요즘은 기자보다는 언론인(言論人)이라 하여 말씀 언(言) 자에 논할 론(論) 자를 써서 '매체를 통하여 어떤 사실을 밝혀 알리거나 어떤 문제에 대하여 여론을 형성하는 활동'을 한다. 기자들이 다 그런 것은 아니겠지만 요즘은 기록하는 일보다는 회사의 사주나 자신을 위해 여론을 형성하여 이득을 취하는 것 같다. 특히 청와대 출입기자나 검찰 출입기자는 불러 주는 것을 받아쓰기만 한다. 본연의 업무에 충실히 하다 보니 제대로 된 질문조차 하지 못한다. 국민들이 궁금해하는 것을 직접 물어보는 경우가 없다. 일제 강점기 때 기자들은 요정에서 접대받고 글을 써 줬다고 한다. 이는 지금의 공공기관 출입기자들이 온갖 특혜를 받고 불러 주는 대로 기사를 써 주는 것과 별반 다르지 않다고 본다. 또한 기자들 중에는 취재를 핑계로 돈을 갈취하기도 한다. 개인이나 기업의 불법을 찾아내 기사를 올릴 것이라 연락하여 뒷돈을 요구한다. 돈을 주면 기사를 안 올리겠다는 무언의 협박인 것이다. 광고성 기사로 돈을 버는 기자도 있다. 기자들이 다 그런 것은 아니겠지만 기자를 빙자한 사기꾼이 많아 문제다. 돈벌이에 급급해 유튜브에 가짜 기사를 올려 돈을 버는 사람도 있다. 유명 아이돌을 비방해 돈을 벌던 '탈덕수용소' 채널의 유튜버 박 모 씨도 결국 명예훼손과 모욕 등으로 재판을 받고 있다. 이처럼 온라인에서 특정인에게 일어난 이슈를 편집한 영상을 게시해서 당사자를 비하하거나 비난하는 영상을 콘텐츠로 하는 이슈 유튜버를 사이버 렉카라 한다. 렉카는 사고만 일어나면 난폭운전으로 현장에 출동하는 사설 구난차의 행동과 비슷하다는 이유로 따왔다. 역시 사이버 렉카인 구제역이나 카라큘라 등은 먹방 유튜버인 쯔양을 상대로 사생활을 폭로하겠다고 협박해 거액을 갈취했다. 사이버 렉카는 연예인 개개인뿐 아니라 가짜 뉴스로 대중을 선동하여 수익을 올리기도 한다.

올바른 가치관

　나는 지난 40년간 거의 생각 없이 살았다. 그냥저냥 먹고살기 바빴기에 꿈도 없었다. 그래서 단 한 번도 내 스스로 똑똑한 사람이라는 생각을 하지 못했다. 오히려 부족한 사람이라 생각해 평범한 삶을 원했다. 다만 중학생 때부터 아버지 일을 돕다 보니 돈은 빨리 벌고 싶었다. 그래서 공업계 고등학교를 지원해 졸업 후에는 바로 취업하려 했다. 그 당시 고등학교는 의무교육이 아니었다. 한 학기를 다 마치기도 전에 반 친구 하나가 학비를 내지 못해 그만두었다. 그 친구의 어머니가 학교에 찾아온 날, 친구는 어머니에게 매달려 울고불고 했지만 소용없었다. 그때 처음으로 고등학교 학비조차 못 내는 가난한 사람도 있다는 걸 알았다.
　나는 기계과였지만 선반이나 용접은 거의 못 했다. 우리 학교는 돈이 안 드는 기계제도 위주로 가르쳤고 소수의 기능반 친구들만 선반이나 용접을 배웠다. 자동차과는 졸업할 때 자격증을 다 땄지만 기계과는 자격증 취득 비율이 절반도 안 되었다. 졸업반은 1차 필기시험을 면제받았기에 2차 실기시험만 치르면 되는데 의외로 합격률이 낮았다. 다행히 난 소질이 없음을 일찍 알았기에 마음이 맞는 친구들과 여름방학 내내 실기시험을 준비했다. 이때 하기 싫은 일도 꾸준히 하다 보면 나름 재미가 생긴다는 사실을 처음 알았다. 덕분에 난 자격증 시험에 무난히 합격했다. 그 당시 성적은 중하위권이었고 내 유일한 취미는 독서와 영화 감상이었다. 수업에 별 관심이 없어 수업시간에도 소설책을 많이 읽었다. 국내 소설 외에 일본 소설이나 『채근담』, 국내에 번역된 오 헨리 작가의 단편소설은 거의 다 찾아서 봤다. 또한 만화도 좋아해 어릴 때부터 40살이 넘도록 꾸준히 봤다. 이현세 작가나 허영만 작가의 오래된 만화는 대부분 다 봤다. 『남벌』이나 『아마게돈』, 『루팡 3세』, 『우주해적 코브라』 등은 정말 재미있게 봤다. 호평동에선 도서 대여점이나 만화 카페를 가끔 이용했다.

나는 고등학생 때 모든 게 싫어 스님이 될 생각도 했다. 하지만 새벽 4시에 일어나야 한다는 말에 바로 포기했다. 그 당시 새벽잠이 많은 나에겐 넘사벽이었다. 그때 고민도 많이 했다. 대부분 나 스스로 너무 형편없다는 생각을 많이 했다. 제대로 할 줄 아는 것도 없고 너무 찌질한 것 같았다. 그래서 내가 생각한 모든 것들을 다 부정했다. 그러다 보니 너무 우울했다. 반대로 내가 생각한 것이 다 옳다는 생각도 해 보았다. 하지만 터무니없는 생각이라 오히려 더 힘들었다. 그래서 적당히 타협한 것이 '내 생각이 옳을 수도 있고 틀릴 수도 있다'는 거였다.

나의 가장 오랜 질문은 인간은 왜 태어났는가이다. 아무리 눈을 씻고 책을 찾아봐도 답이 없었다. 법륜스님은 "태어났으니 사는 것이다." 했는데 태어난 김에 사는 게 정답일 수 있다. 그때 질문을 "태어났으니 뭘 할 것인가?"로 바꾸었다면 내 인생이 분명히 달라졌을 것이다. 답이 없는 질문으로 내 청소년기의 소중한 시간을 너무 많이 낭비했다. 진로를 고민할 때는 공장장까지는 되고 싶었다. 틈만 나면 나만의 기계나 공구를 만들어 볼 수 있는 공장의 공장장, 그도 아니면 장난감 회사의 사장도 꿈꿨다. 난 시중에 없는 새로운 장난감을 만들어 보고 싶었다. 한편으론 소설가도 꿈꿨다. 오 헨리의 단편소설을 너무나 재미있게 읽어서 나도 써 보고 싶었다.

 마지막으로 돈을 벌면 가문을 다시 일으키고 싶었다. 비록 지금은 초라하지만 친척 어른들 중 변호사가 많았다. 학자도 많았기에 아버지는 스스로 초라하다 여겼는지 동창회나 종친회에 안 나갔다. 그래서 그때는 종친회가 있는 줄도 몰랐다. 어쨌든 양반집 가문이라 하니 몰락한 가문을 일으켜 보고 싶은 마음도 생겼다. 하지만 딱 거기까지였다. 언감생심 꿈꾸는 것보다 현실을 택했다. 아버지가 돌아가시고 나서 1년 뒤에 종친회 시향제에 처음 참석했다가 작은아버지를 뵈었다. 그때 정말 유전자의 위대한 힘을 보았다. 집안 어르신들 대부분 키가 작고 머리숱이 없었다. 그러니 멋진 피지컬을 가진 사내들 틈에서 살아남기 위해 정말 열심히 공부만 한 것은 아닌가 싶다. 그래서 고려시대부터 문과에 급제해, 조선시대에는 문과 급제자만 62명이라 한다. 그 와중에 무과에 급제한 조상님도 많아 신기할 따름이다. 대표적인 인물로 고려의 최전성기인 문종(고려 11대 왕) 때 문하평장사(정2품으로 현대의 장관급)를 역임한 당대 최고의 문장가이자 명재상 정유산이 있다. 또한 고려 명종 때(고려 19대 왕) 정3품 상장군인 정중부도 우리 조상님이라 한다. 정중부는 용모가 우람하고 얼굴빛이 백옥 같았으며 키가 7척이고 수염이 아름답고 위풍이 늠름했다고 전한다. 고려시대 1척은 32.21cm라 하니 키가 2m 25cm나 되기에 외탁한 것이 아닌가? 싶다. "호랑이는 죽어 가죽을 남기고 사람은 죽어 이름을 남긴다." 했다. 종친회 시제 및 사당제에 계속 참석하고 싶었는데 코로나-19로 인해 행사가 축소되며 참석을 못 했다. 그 후로 잊고 지냈는데 앞으로 자주 참석해 조상님께 치성을 드려야 할 것 같다.

존 고다드는 15살 때 '버킷리스트'를 만들어 앞으로 하고 싶은 일 목록 127개를 작성했다. 버킷리스트를 만든 이유는 "내가 젊었을 때 이걸 했더라면…" 하는 할머니와 숙모가 나눈 후회의 말 때문이었다. 그래서 "나는 무엇을 했더라면 하는 후회를 하지 말아야지!" 하는 결심을 하고 작성한 것이다. 버킷리스트는 죽기 전에 해야 할 것들이라는 뜻이다. 즉 '나의 인생 목록'인데 어원은 'Kick the Bucket'으로 중세 시대에 자살할 때 목에 밧줄을 감고 양동이를 차 버리는 행위에서 유래됐다고 한다. 그러나 삶이 얼마 남지 않았을 때 아직까지 해 보지 못한 것이 너무 많다고 억울해하며 작성하라는 게 아니다. 오히려 삶을 돌아보고 남아 있는 시간을 헛되이 보내지 않기 위해 꿈의 목록을 작성해야 한다. 존 고다드는 49세가 되었을 때 버킷 리스트 중 106개를 달성했다고 한다. 16살 때 첫 계획을 실천했는데 아버지와 함께 조지아주의 오커퍼너습지, 플로리다주의 산호 암초 지대를 탐험한 것이다. 버킷리스트에는 책을 쓰거나 음악 작곡하기, 에펠탑이나 타지마할 방문하기 등 비교적 쉬운 목표도 있다. 하지만 에베레스트 등반, 아마존 탐험, 아시아 언어 배우기, 달나라 여행하기, 북극과 남극 가기, 세계 일주(30개국) 등등 결코 쉽지 않은 목표도 있었다.

 존 고다드는 18세에 육군 공군에 입대하여 2차 세계대전에 참전했다. 그 뒤로 민간 제트기 조종사로 1,500마일의 속도 기록과 63,000피트의 고도 기록을 세웠다. 존 고다드는 남가주대학교를 졸업하고 인류학과 심리학을 전공해 현대 문명이 전 세계의 모호한 문화에 미치는 영향을 연구했다. 그는 6,694km의 나일강 전체를 9개월에 걸쳐 카약으로 탐험했고 콩고강 전체를 탐험한 최초의 사람이 되었다. 존 고다드의 홈페이지에 들어가면 15세에 작성한 127개 목록 옆에 달성한 것은 110개로 표시되어 있다. 달을 방문하거나 「타잔」영화 출연하기, 햄 라디오 운영자 되기, 에베레스트 등반 등은 이루지 못했다. 하지만 50세 이후에도 500개의 꿈의 목록을 다시 만들어 실천했다고 한다. 존 고다드는 1924년 출생하여 2013년 사망할 때까지 88년 반 동안 인류학자이자 탐험가이며 모험가로 "감히 하는 것은 하는 것이고 두려워하는 것은 실패하는 것이다."라는 모토를 남겼다. 존 고다드가 1980년에 '우주 비행사가 되어 달에 가게 됨'으로써 115개의 꿈을 이루고, 127번째인 '21세기를 살아 보기'까지 성공한 뒤 2013년에 생을 마감했다는 얘기도 있는데 달에 간 것은 확인이 안 된다. 어쨌든 중요한 것은 인생의 목표가 '있느냐, 없느냐'이다.

난 정말 목표 없이 살았고 공업계 고등학교를 졸업하면 바로 취업하려 했다. 하지만 담임선생님이 부모님을 모시고 와야 취직시켜 준다 했다. 그래서 부모님께 오시라 했는데 뜻밖의 소리를 들었다. 대학에 진학하라는데 그것도 생뚱맞은 금속과였다. 어차피 졸업하면 전공은 다 필요 없다고… 일반 대학은 힘들다 해서 홍익전문대를 가게 되었는데 입학하고 나니 학교가 없어진다는 것이다. 담임선생님은 학교가 없어지는 것을 미리 알고 있었는지 모른다. 그렇지 않으면 취업하겠다는 나를 억지로 보낼 이유가 없었다. 폐교되는 학교에 입학할 학생은 없을 테니 무슨 로비가 있었던 것은 아닌지 의심할 수밖에 없다. 홍익전문대는 홍익대학교와 같이 붙어 있는 본관 외에 따로 신관이 있었다. 신촌에 있는 신관을 팔아 조치원에 산업대학을 만들고 본관 건물은 홍익대학교에서 사용한다는 것이다. 학교가 없어진다 하니 다들 데모하느라 바빴는데 난 관심도 없었다. 교수님들도 학생들에게 데모를 하지 말라고 말렸다. 나중에야 들은 소식이지만 박사학위가 없는 분들은 모두 퇴출되었다. 교수님들은 4년제 교수로 갈 줄 알고 학교 편에 섰는데 자격 미달로 대부분 옷을 벗었다.

다행히 우리 금속과 교수님이자 불교반 지도교수인 김원수 교수님은 산업대학으로 갔다. 대학교에 입학하고 나서 처음으로 이름이 같은 친구를 만나 연등 만드는 것을 도와주었다. 그 인연으로 불교반에 가입하며 "내 고통을 모두에게 나눠 주고 싶다."라고 말했다. 친구는 가입 이유로 "선배가 술 사 준다 해서 가입했다."라고 했다. 그 뒤로 같은 지역 동아리 활동으로 홍익대학교나 이화여대, 서강대, 연세대, 숙명여대 등에서 주관하는 법회에도 참석했다.

불교반에서 만난 선배와 친구들은 지금까지 꾸준히 인연을 이어 가고 있다. 그 당시 일본의 금속 기술은 한국보다 최소 10년 이상 앞섰다 했으며 베어링이나 신소재는 훨씬 더 앞서 있다고 했다. 세계적인 학회는 다 서양에 있는데 유일하게 금속학회만 동양인 일본에 있다 하니 그만큼 기술력이 좋았던 것이다. 난 학기 중에 군대에 다녀오면 학교가 제 기능을 하지 못할 것 같아 휴학을 하지 않고 졸업했다. 나중에 복학생들의 말을 들어 보니 인원이 몇 명 안 되어 "수업이 제대로 안 되었다."라고 했다.

대학교를 다닐 때 막연한 기억이지만 캠퍼스에서 찌질한 김어준을 본 것 같다. 김어준 총수의 영상에 홍익대학교를 다닐 때 진짜 밑바닥을 경험한 적이 있다 했다. 그 당시 사진을 보니 오래전 잊고 있었던 기억이 떠올랐다. 우리 학교와 홍익대학교는 같은 교정을 사용했는데 나도 몇 번 산책을 한 적이 있다. 교내를 오가다 우연히 마주쳐 서로 오랫동안 말없이 쳐다본 사람이 있었다. 상대는 한여름에 팔이 긴 점퍼를 입었고 어딘지 모르게 뭔가 이상했다. 잘생긴 것도 아니

올바른 가치관

고 나의 주의를 끌 만한 사람도 아닌데 정말 뭔가에 홀린 듯 서로 오 랫동안 쳐다봤다. 아마도 극한의 찌질함을 서로 알아본 것일 수도 있다. 난생처음 경험한 아주 강렬한 느낌이라 그 기억이 오래 남았다. 어쩌면 언젠가 다시 만날 것 같다는 알 수 없는 느낌?

홍익전문대를 졸업하고 나서는 군대에 가기 전에 사출 공장에서 일했다. 오산 이모님 댁에서 숙식하며 인근 사출 공장을 다녔는데 너무 영세해서 월급은 얼마 안 되었다. 이때 처음으로 맞교대 근무를 했는데 환경도 열악해 두세 달 정도 근무했던 것 같다. 원래는 외삼촌이 운영하는 자동차 학원에 운전면허를 따러 갔다가 일을 하게 되었다. 그 뒤로 중랑천 동부간선도로 공사 현장에서 잠시 일했다. 원래 현역병으로 가을에 입영할 예정이었지만 더 빨리 가려고 기술병으로 지원했다. 하지만 기술병 입영 날짜는 현역병 입영 날짜보다 조금 빠를 뿐이었다. 그래서 시간이 애매하게 남아 한 달 정도 일한 것 같다. 그때 처음으로 석양의 노을을 보며 정말 행복하다고 느꼈다. 그날은 트럭을 타고 가서 일한 뒤 퇴근 시간이 다 되어 트럭을 타고 복귀하는 중이었다. 긴장이 풀린 상태에서 포터 조수석에 앉아 멋진 노을을 보니 이상하게 센티멘털해졌다. 그저 평범한 일상에서 그런 행복감을 느낀 것은 그때가 처음이자 마지막이었다. 그때 돈과 음식 등 물질적인 것만 행복을 주는 게 아니라는 것을 처음 알았다.

군대에 입대하기 전에는 혼자 설악산으로 여행을 다녀왔다. 무작정 버스를 타고 가다, 걷기도 하다 날이 어두워지면 여관을 잡고 잤다. 그날은 한참 걷다가 강원도 인제에 있는 '리빙스턴교'를 지나게 되었다. 리빙스턴교 현판에는 리빙스턴 소위의 미망인이 다리를 놓아 준 것으로 되어 있었다. 6.25 전쟁 당시, 유엔군 리빙스턴 대위는 적군의 기습을 받아 퇴각하던 중 폭우로 강물이 불어나 미처 피하지 못하고 적의 총탄에 숨졌다. 그 소식을 접한 미망인은 다리가 없어 생을 달리했던 남편의 유지를 받들어 전쟁이 끝난 후 다리 건설에 필요한 기금을 희사했다. 1957년 12월 4일 목제다리로 준공되었지만 노후화로 1970년 12월에 육군 공병단이 상류 지점에 새 교량을 건설하고 '리빙스턴교'라 명명했다. 나는 새 교량 밑에서 라면을 끓여 먹었는데 이상한 느낌을 받았다. 정말 미래를 느낀 것인지, 훗날 내가 근무했던 부대의 환경 정비 담당구역이 리빙스턴교와 그 주변이었다.

그 당시 배낭에 너무 많은 짐을 넣어 설악산에 오를 때 엄청 힘들었다. 힘이 다 빠졌을 때 형님 두 분이 번갈아 배낭을 들어 주었다. 서울대학교 다니는 복학생들이었는데 설악산에 서울대학교 숙박시설이 있어 하룻밤 묵는다고 했다. 그때 복학생 형님들이 전두환 대통령 욕을 엄청 했다. 난 그 당시 전두환 대통령이 그렇게 나쁜 놈인 줄 몰랐다. 뉴스에서 항상 좋은 기사만 나오니 그저 군인 출신 대통령인 줄 알았다. 난 사실 5.18 광주사태나 제주 4.3 사건, 여순 반란 사건은 알고 있었다. 다만 그것이 나와는 무관한 것이라 생각했다.

나는 만화와 소설을 좋아했기 때문에 1988년 홍익전문대에 다닐 때 도서 대여점에 자주 갔다. 한두 권도 아니고 책을 자주 빌리다 보니 사실 부담이 되었다. 그때 '푸른소나무'라는 무료 도서대여실이 생겼다. 덕분에 자주 찾아간 무료 도서대여실 대표가 현재 4선 국회의원인 '서영교'였다. 그 당시 이화여대를 졸업하고 취직을 하지 못해 안쓰럽다 생각했는데 나중에 알고 보니 운동권 총학생회 출신이라 취직을 할 수 없었던 것이다. 지금도 블랙리스트가 나오지만 그때는 더 노골적이었을 것이다. 그 당시 서영교 누나는 내가 자주 찾아가니 독서토론회에 나오라 했다.

  무료 도서대여실에는 이대 출신의 누나 2명과 고대 다니던 형이 있었다. 다들 안면이 있어 몇 번 참석했는데 나와는 너무 맞지 않았다. 무섭다고 해야 할까! 주제가 내가 알고 있던 상식과 너무 달랐다. 5.18 광주사태에 대한 토론이었는데 난 사실 그때만 해도 광주 시민들이 폭동을 일으킨 것이라 믿었다. 그리고 주변에선 아무도 5.18 광주 폭동에 대해 얘기한 적이 없었다. 그 뒤로도 여순 반란 사건, 제주 4.3 사건에 대한 토론을 했다. 처음 겪는 충격이라 해야 할까! 난 근대사나 역사에 대해 공부한 적이 없었다. 학교 다닐 때 시험 때문에 당일치기 공부는 했지만 그때뿐이었다. 게다가 학교에서 배우거나 텔레비전에서 본 기억조차 없었다. 우리가 토론하는 모습을 본 목사님이 불순한 모임인 양 화를 낼 정도였다. 그때 장소를 제공해 준 분이었는데 소문을 듣고 찾아와 더 이상 못 하게 하려 했던 것 같다. 너무 오래돼서 확실한 기억은 아니다. 어쨌든 나와 맞지도 않는 모임이고 뭔가 무서워 그 뒤로 참석을 안 했다. 게다가 친구의 형이 무슨 이유인지 모르지만 무료 도서대여실에 찾아와 언성을 높였다. 내가 중재를 하려니 다짜고짜 내 뺨을 때렸다. 그러면서 불순한 곳이라며 다니지 말라는데 난 어이가 없었다. 그 형은 고등학교 졸업 후 직장도 안 다니는 백수였는데 공부와는 거리가 멀었다. 그렇다고 양아치는 아니었지만 그리 본받을 만한 형이 아니었다. 해병대에 지원했다 떨어진 뒤 오토바이를 타다가 사고로 다리를 크게 다쳤다. 그래서 오랫동안 목발을 짚고 다녔는데 그렇게 화내는 모습은 처음이었다. 어쨌든 그 충격으로 한동안 무료 도서대여실에 가지 않았다.

 난 그 당시 서영교 누나를 보며 참 똑똑한 사람이라 인정했다. 난 생치음으로 자신의 신념이 확고한 사람을 봤는데 그 신념이 잘못된 것이라 생각하지 않았다. 그래서 나중에 뭐라도 할 거라 믿었지만 그때는 취직도 못 한 사람으로 보여 정말 안쓰러웠다.

 나는 기술병으로 입대해 논산에서 훈련받고 부산으로 내려갔다. 부산에서 교육받으면 대부분 후방으로 배치받는다고 했다. 그중 재수 없는 몇 명만 전방으로 차출되는데 내가 그중 하나였다. 나처럼 군대에서 기차 타고, 버스 타고, 배 타고, 트럭 타고, 지프 타고, 헬기 탄 사람은 거의 없을 것이다. 강원도로 가며 "인제 가면 언제 오나 원통해서 못 살겠다."라는 얘기를 들었는데 그곳을 지나고 있었다. 보충대로 들어간 난 당연히 정비병으로 갈 줄 알았다. 그런데 지프를 타고 온 차 대위가 날 부르며 "운 좋은 줄 알라."라고 했다. 육군 항공대에서 나온 간부였는데 티오가 부족해 날 빼 간 것이다. 난 사실

정비병으로 가고 싶었는데 정비병은 티오가 찼다고 했다. 나중에 알았지만 육군 항공대는 아무나 못 들어가는 곳이었다. 신원조회를 통해 조금이라도 이상이 있으면 바로 퇴출이다. 육군 항공대는 사단장의 전용 헬기나 다름없었다. 인원이 적은 부대인데 조종사가 많다 보니 사병에 비해 장교들이 많았다. 우리 부대는 훈련이 적은 대신 내무반 군기가 셌다. 나도 들은 얘기지만 내무반에서 폭행이 빈번했고 야삽이 날아다녔다 했다. 치약 뚜껑에 원산폭격까지 시켰던 고참이 있었다는데 이미 전역한 뒤였다. 돌이켜 보면 그럴 이유가 전혀 없는데 자기들 편하게 지내려고 후임병들 괴롭힌 게 아닌가 싶다. 어쨌든 내가 근무할 때는 구타로 인한 사망사건이 많아 구타 근절 캠페인을 벌일 정도였다.

내가 자대로 들어간 날은 1990년 12월 24일이었다. 나를 "크리스마스 선물"이라 부르는 고참도 있었는데 아직 근무 인원으로 잡히지 않아 나만 위문품을 못 받았다. 그래도 점호 후 고참들이 술을 구해 와 내무반에서 조금씩 먹을 수 있었다. 난 군기가 바짝 들어 조심했는데 상병 고참 하나가 술주정을 하는 바람에 단체 기합을 받았다. 그 와중에 몇 차례 가슴을 맞았는데 군번줄 때문에 가슴에 멍이 들었다. 자대에 배치받은 첫날밤부터 구타를 당한 것이다. 어쨌든 다음 날 당직사관이 점호를 하는데 내 가슴에 줄 모양의 멍을 발견했다. 구타 근절한다고 속옷 안까지 다 검사하는데 안 걸릴 수 없었다. 그 당시 우리 사단에서 유독 사망사건이 많아 간부들이 그렇게 신경 쓴 거였다. 당직사관이 "누가 때렸는지?" 묻기에 난 "맞은 적 없다.

넘어져서 멍이 든 것 같다." 했다. 몇 번을 물어도 똑같이 대답했고 그렇게 넘어가는 줄 알았다. 하지만 어떻게 알았는지 다음 날 날 때린 병장이 군장을 메고 연병장을 돌았다. 웃긴 건 그 병장이 내 사수가 되었는데 나보고 "고맙다."라고 한 것이다.

  군대 생활에 마음이 통하는 동기가 있으면 좋으련만 내 기수엔 동기가 없었다. 하지만 우리 부대는 근무 인원이 적어 나처럼 동기 없는 기수가 있었다. 내 바로 위 고참들은 3명이 동기였기에 더 힘들었다. 다행히 크게 꼬장 부리는 고참이 없어 지낼 만했지만 동기 없는 군 생활은 정말 아쉬웠다. 인성이 안 좋은 고참이 있긴 했는데 나한텐 그리 못되게 굴지 않았다. 그도 그럴 것이 그는 병장이었고 난 이제 갓 들어온 신참이니 나에게 신경 쓸 짬밥이 아니었다. 주위의 평판이 안 좋았지만 내가 딱히 욕할 이유도 없었다. 그가 전역하는 날, 난 정말 좋은 마음으로 "잘 먹고 잘 살아라!" 했다. 물론 존댓말 대신 반말을 했다. 다들 그렇게 반말로 덕담을 했기에 나도 약간 농담으로 한 것이다. 하지만 고참의 반응은 "재용이 너마저도"였다. 다들 앓던 이 빠져서 좋다는 식이었지만 난 진심으로 잘 먹고 잘 살길 바랐다. 그런데 '잘 먹고 잘 살라'는 말이 좋은 뜻으로 쓰이지 않는다는 것을 미처 생각하지 못했다. 누구한테는 비아냥거리는 소리로 들린다는 거였다. 그렇다고 변명을 하기도 뭐했다.

  난 군대에서 전역하기 전에 진로 문제로 많은 고민을 했다. 그때 경계 근무 중 별을 보며 결심한 것은 딱 하나 "무슨 일이든 시작하면 중간에 그만두지 않겠다."라는 거였다. 나는 공부도 어설프게, 운동도 어설프게, 노는 것도 어설프게 했기에 제대로 할 줄 아는 게 별로 없었다. 그래서 무슨 일을 하게 되든 끝장을 보기로 했다. 그래서 뭔가 시작하면 중간에 포기하지 않겠다고 결심했다. "실패는 할지언정 포기하지 않는다."

그런데 금연이나 영어 공부는 몇 번이나 시도했지만 포기했다. 내가 담배를 배운 것은 고등학교 1학년 때였다. 공업계 고등학교에 진학하여 설문지를 받았는데 특별활동에 연극부가 있어 여기에 체크했다. 얼마 지나지 않아 선배라는 사람들이 찾아와 연극부로 끌려갔다. 그 당시 공업계 고등학교는 규율이 셌다. 밴드부나 운동부가 제일 규율이 센 것으로 기억한다. 어쨌든 영문도 모른 채 끌려가 그렇게 연극부원이 되었다. 그때부터 연극부 생활을 했는데 선배들이 다 담배를 피웠다. 덕분에 뻐끔담배를 시작으로 조금씩 배웠다.

선배들은 1984년도 서울예술전문대에서 주최한 동랑청소년 종합예술제에서 대상을 수상해 일본 공연도 다녀왔다. 유엔이 정한 세계청소년의 해를 맞아 일본의 국제 아마추어 연극협회에서 처음 주관했는데 우리나라 최초의 청소년 해외 공연이었다. 그전에 국립극장 별관에서 먼저 공연도 했는데 그때는 나도 무대에 섰다. 대사 없이 1시간 넘게 왕 옆에 무릎 꿇고 앉아 있는 신하였기에 딱히 연습할 건 없었다. 그 뒤로 1985년도 동랑청소년 종합예술제에 참가하기로 해 연출자를 모셔 왔다. 그 여자 연출자 덕분에 연극을 많이 볼 수 있었다. 주로 대학로 주변의 소극장에서 공연한 작품들인데 연출자의 지인들이 공연했다. 그 당시 너무 난해한 작품이나 진지한 작품이 많아 관객이 거의 없었다. 그때 어지간한 배우들은 배곯는다는 것을 확실히 알았다. 그 연출자가 나를 주연 배우의 딸내미 역할로 지목해 처음 치마를 입어 보았다. 우리 연극은 동랑청소년 종합예술제에 입상조차 못했는데 그 당시 상을 받은 사람이 배우 최민수였다. 그때 최민수라는 남자를 처음 봤는데 그가 상을 받기 위해 무대에 오르자 여자들이 앞다투어 꽃다발을 안겨 주었다. 난생처음 남자에게 질투를 느꼈는데 참 잘생겼다는 생각과 수줍어하는 모습도 보았다. 되바라지지 않고 순수하다 해야 하나? 같은 무대에서 공연했기에 지금까지 나보다 2살 많은 줄 알았다. 이 글을 쓰느라 검색해 보니 1962년생으로 나오는 것으로 보아 초청공연을 했던 모양이다. 어쨌든 최민수는 「방황하는 별들」로 상을 받았다. 연극부 생활은 1년 만에 그만두었다.

내 시간을 너무 뺏기는 것 같았고 연극 배우가 될 생각도 없었다. 내가 탈퇴한다니 친구도 탈퇴한다고 했다. 그런데 문제는 탈퇴 조건이 '빠따' 30대였다. 먼저 탈퇴한 친구 중엔 부모님이 쫓아와 '빠따' 없이 탈퇴한 친구도 있었다. 하지만 나는 부모님에게 기대기 싫었다. 탈퇴한다니 선배들이 교실마다 들어가 대걸레 자루를 몽땅 뽑아 왔다. 대걸레 자루에 물을 적신 후 엉덩이를 때렸는데 여러 개가 부러졌다. 친구와 나란히 맞았는데 친구는 중간에 울어 다 채우지 못했다. 하지만 나는 결국 30대를 다 맞고 탈퇴했다. 움직이면 허리를 맞을 수 있어 난 아파도 움직이지 않았다. 친구는 잘못 맞았는지 제대로 걷지 못해 집에 바래다주었다. 수유동 방면 버스를 타고 가는데 실제 공습경보 사이렌이 울렸다. 나는 미그 19기를 몰고 귀순한 이웅평 대위 때문에 그런 줄 알았다. 그런데 이웅평 대위는 1983년에 귀순했기에 기억이 왜곡된 것 같다. 어쨌든 그날 전쟁이 나는 줄 알았다.

그 친구 아버지는 월남전에 참전했다가 부상으로 전역한 분이었다. 그래서 월남전 얘기를 간접적으로 들을 수 있었는데 우리나라 군인들은 동료가 죽으면 인근 마을을 쓸어버렸다 한다. 누가 베트콩인 줄 모르니 아이고, 여자고 닥치는 대로 전부 죽였다고…. 그래서 베트콩들이 한국군은 피해 다녔다고 한다. 그 친구의 말이 과장된 것일 수 있으나 충분히 가능한 얘기다. 마을 사람들을 싹 몰살시키면 누가 뭐라 할 수 있을까! 전장에선 이성이 아니라 본능에 지배당할 수밖에 없다. 내가 언제 죽을지 모르는데 도덕이나 규율을 따를 리 만무하다. 그래서 영화에서도 대재앙이 닥치면 무법천지가 되는 것이다. 담배 얘기가 옆으로 샜는데 난 연극부 시절 배운 뻐끔담배를 거의 끊었다. 하지만 3학년 때 조금씩 담배를 피우기 시작해 대학생 때 본격적으로 피웠다. 그리고 점차 늘어 하루 한 갑, 술을 마실 땐 하루 두 갑까지 피웠다. 근 30년 동안 담배를 피우며 여러 차례 금연을 시도했다가 실패했다.

결국 담배를 끊긴 끊었는데 그 원인은 호환 마마보다 무서운 세금 때문이었다. 회사에 다니며 돈 욕심에 2008년부터 부동산 경매에 뛰어들었다. 경매를 시작할 때 대출받은 돈으로 투자했기에 금액이 그리 크지 않았다. '소액투자로 얼마나 벌겠나!' 그리고 수익을 내서 그 일부를 세금으로 내는 것이라 크게 신경 쓰지 않았다. 하지만 "가랑비에 옷 젖는 줄 모른다."라거나 "배보다 배꼽이 더 크다."라는 말을 확실히 체득했다. 2014년 말에 수익을 정산해 보니 은행 이자와 취등록세 그리고 양도세 등으로 5,000만 원 정도 납부했다. 경매 외에도 그때까지 부동산으로 거래한 모든 세금을 계산한 것이다. 그런데 정작 손에 쥔 돈은 2,500만 원밖에 되지 않았다. 은행 이자는 비용 처리가 안 돼서 2,000만 원의 손실이 발생했음에도 양도세는 납부했다. 그러다 보니 수익보다 세금이 더 많은 어처구니없는 일이 벌어졌다. 정부가 해 준 게 뭐가 있다고…. 주식으로 손해를 본 적도 있어 그간 투자 손실을 경매로 되찾은 것이나 다름없었다.

  그래서 담배 가격이 2배로 올랐던 2015년 1월 1일, 세금을 내기 싫어 금연을 시도했다. 내가 얼마나 세금을 내기 싫었으면 지금도 담배 생각이 나지 않는다. 30년 동안 담배를 피우며 수차례 금연에 실패했는데 세금 때문에 처음으로 성공했다. 금연 초기엔 술자리에서만큼은 담배를 피우고 싶었지만 지금은 언제 담배를 피웠나 싶을 정도로 잊었다. 담배를 안 피우니 역겨운 냄새가 안 나서 좋고 주머니도 많이 깨끗해졌다. 그리고 무엇보다 내가 만난 부자들은 담배를 안 피웠다. 건강에도 나쁘지만 불필요한 시간을 뺏기지 않으려는 것 같앉다. 금연은 결국 성공했지만 영어 공부는 끝내 실패했다. 공부라는 것은 꾸준히 해야 하는데 그러지 못하니 계속 제자리였다.

 영어 공부에 실패한 이유를 생각해 보니 생존에 꼭 필요하지 않았다. 영어는 입사 시험에만 필요했을 뿐 잘하지 못해도 일하는 데 지장이 없었다. 단지 외국인과 대화하고 해외여행을 할 때 써먹고 싶어 배우려 한 거였다. 한편으론 영어로 과시하고 싶은 욕심도 있었다. 그래서 절실하지 않았고 계속 실패하다 보니 이제는 생각이 바뀌었다. 내가 잘하지 못하는 것을 억지로 하는 것보다 내가 잘하는 것을 더 해서 돈을 벌기로 했다. 그 돈으로 영어가 필요할 때 영어를 잘하는 사람을 고용하거나 번역기를 쓰기로 했다. 그래서 영어 공부는 이제 완전히 손을 놓았다.
 아무리 노력해도 실패하는 경우가 있다. 물론 생존에 직결되면 얘기가 다르다. 1950년대 최초의 영어 강사이자 저자인 안현필 씨는 한 시대를 풍미한 입시 단과 학원인 E.M.I 원장이었다. 그는 일본에서 법학을 공부하려다 영어 원서 때문에 곤욕을 치렀다. 영어 때문에 죽을 결심까지 했으나 그 각오로 영어 공부를 하면 뭘 못 하겠나 싶었다. 결국 죽기 살기로 영어 공부를 하다가 영어에 흥미를 느껴 영어영문학과로 전과했다. 그 뒤로 유명한 『영어실력기초』 등 수많은 영어 책을 집필해 1970년대 말까지 인기를 끌었다. 『영어실력기초』는 『성문영어』와 『맨투맨』이 나올 때까지 500만 부가 팔렸다. 나의 경우는 죽을 만큼 싫었던 것은 아니지만 기계제도 자격증을 따기 위해 친구들과 방학 내내 억지로 도면을 그렸다. 매일 도면을 그리다 보니 어느 순간 기계제도에 재미가 붙었다. 그래서 생존에 직결되면 계속하게 되고 계속하다 보면 재미가 붙는다는 걸 알았다.

　뇌는 좋은 것과 나쁜 것을 인식하지 못한다고 한다. 즉 '어떤 상황에서 문제를 인식하면 좋은 것이든 나쁜 것이든 그것에만 반응한다.' 하버드 대학의 다니엘 위그너(Daniel Wegner) 교수는 '백곰 실험'이란 심리 실험을 했다. 실험군을 A그룹과 B그룹으로 나누어 백곰 사진을 보여 주었다. A그룹은 북극곰을 생각하지 말라는 지시를 하고 B그룹은 북극곰을 생각하라고 지시를 했다. 그리고 5분 동안 북극곰이 생각날 때마다 종을 쳐 달라고 지시하였다. 결과는 두 그룹 모두 종을 쳤지만 생각하지 말라고 한 A그룹이 더 많은 종을 쳤다. 이를 '사고억제의 역설적 효과'라고도 하는데 이는 우리가 생각하고 싶지 않은 것에 대해 생각하지 않는 것이 더 어렵다는 것을 뜻한다. 인간의 뇌는 긍정적이든 부정적이든 구분하지 못하고 단지 내 의지가 생각한 대로 인식한다. 가령 다이어트를 시도하기 위해 오늘은 야식으로 치킨을 먹고 싶지 않다고 다짐하면 오히려 야식에 대한 생각으로 가득해지고 집착하게 되어 폭식으로 이어진다는 것이다. 또한 스키 선수가 앞에 나무가 있다고 생각하면 나무로 돌진하지만, 나무 사이에 길이 있다고 인식하면 나무 사이의 길만 보인다고 한다. 즉 관점이 달라진다는 뜻이다. 내가 불안한 것은 부정적이고 불편한 상황과 불안에 대한 생각으로 가득 차 있기 때문이라 한다.

나는 자격증에만 집중했기에 친구들과 같이 자격증 공부를 했다는 좋은 기억만 남았다. 그래서 자격증을 무난히 딸 수 있었다. 하지만 영어 공부는 나의 생존과 직결되지 않았다. '단지 잘하면 좋겠다.'라는 막연한 생각뿐이었다. 그리고 중학생 때 영어를 포기했기에 그 기억이 계속 남아 있는 것 같다. 영어 공부를 해도 잘 안되니 소질이 없다고 더 안 하게 되었다. 대신 일본어를 공부했기에 1995년에 일본으로 배낭여행을 다녀오기도 했다. 내가 일본 여행을 하며 내린 결론은 일본어보다는 영어를 해야 한다는 거였다. 일본에서 만난 지식인들은 전부 영어를 했다. 공부를 못할수록 오히려 더 많은 시간을 공부에 투자했어야 했다. 『아웃라이어』의 저자인 말콤 글래드웰은 1만 시간의 법칙을 주장했다. 어떤 분야의 전문가가 되기 위해서는 최소한 1만 시간 정도의 훈련이 필요하다는 것이다. 1만 시간은 매일 3시간씩 훈련할 경우 약 10년, 하루 10시간씩 투자할 경우 3년이 걸린다. 그런데 고작 수백 시간도 안 하고 포기한 꼴이다.

간혹 특출나게 뛰어난 사람이 있다. 이런 사람을 천재라 하는데 보통 사람은 이런 사람을 이길 재간이 없다. 하지만 천재는 모래사장의 돌멩이만큼 적기에 결국은 노력한 사람을 이길 수 없다. 그런데 놀 거 다 놀고 남들보다 잘하려는 생각은 잘못이다. 만일, 경쟁자가 천재인 데다 죽기 살기로 노력하면 더더욱 이길 방법이 없다. 공부도 그렇지만 신체적 특성은 더 차이가 날 수밖에 없다. 일본의 아사다 마오 선수는 김연아 선수의 친구이자 라이벌이었지만 끝내 신체적 차이를 극복하지 못했다. 만일, 김연아 선수가 시합 중 다쳤거나 운동을 게을리했다면 아사다 마오도 한 번은 이겼을 것이다. 이렇게 운이 작용해도 본인이 노력하지 않으면 그 기회마저 놓칠 수밖에 없다. 키가 크고 잘생긴 남자와 반대되는 사람을 루저라 한다. 루저는 경멸적인 어조가 담긴 실패자라는 뜻이다. 그런데 신체적 우월성은 태어날 때부터 정해진 것이다. 가령 일반인이 원빈이나 차은우 같은 미남 배우들과 외모로 경쟁하면 질 수밖에 없다. KBO(프로야구 리그) 역대 가장 위대한 선수였던 선동열은 국보 또는 무등산폭격기라 불렸다. 운동도 열심히 했지만 술도 잘 마셨다. 시합 전 새벽까지 술을 마시고 마운드에 올라 완봉승을 거둔 것은 유명한 실화다. 이렇게 신체적으로 우월한 사람과 경쟁하려면 더더욱 열심히 노력할 수밖에 없다. 그렇지 않으면 이길 재간이 없다.

 운동뿐 아니라 공부도 마찬가지다. 책을 한 번만 봐도 외우는 사람이 있는데 이런 사람을 이기려면 더 열심히 하든가 아니면 다른 일을 하면 된다. 못하는 일을 억지로 하는 것보다 잘하는 일을 더 하는 게 성취하기 쉽고 행복하기 때문이다. 공부라는 줄이나 운동이라는 줄에 서고 싶다면 죽기 살기로 해 보고 안 되면 빨리 나만의 줄을 만들어야 한다. 모든 사람이 다 공부를 잘하거나 신체적으로 앞서지 않는다. 소크라테스는 "너 자신을 알라."라고 했다. 나보다 우월한 사람들과 경쟁하는 것보다 자기성찰을 통해 자신만의 길을 만들어야 한다. 즉 남들과 비교하지 말고 나만의 방식으로 살라는 말이다. 이를 메타인지라 하는데 '남의 지시 이전에 스스로 자기 생각에 대해 생각하는 능력을 말한다.' 이는 자신의 생각이나, 느낌이나, 지식에 대해 곧이곧대로 받아들이지 않고 이게 맞나 아니냐 스스로 검증을 거치는 것이다. 자기성찰이 부족하면 결국 남의 말에 휩쓸리고 남과 비교하며 살게 된다.

  인터넷에 한참 돌던 짤이 있다. 한 정치인이 유명한 현자를 찾아가서 행복의 비결을 물었다. 현자는 "바보들과 논쟁하지 않는 것."이라 답했다. 이에 정치인이 "제 생각은 다르다."라고 피력하자 현자는 "당신 말이 맞다."라며 논쟁을 피했다. 현자는 몸소 자신의 말을 실천했지만 정치인은 스스로 대견해할 것이다. 현자가 자신의 말이 옳다 했으니….

  나의 삶은 내가 선택하는 것이다. 삶에 불필요한 논쟁도 내가 끌어들이는 것이다. 내가 생각하는 올바른 가치관은 남에게 휘둘리지 않는 자신만의 원칙을 지키는 것이다. 자신만의 원칙을 세울 때는 다양한 책을 읽고 다양한 사람들의 의견을 들어야 한다. 나이를 먹어 가면서 젊었을 때 이해하지 못했던 일들이 지금은 이해가 된다. 가령 에스키모인들이 외지인에게 자신의 아내를 하룻밤 빌려주는 풍습을 이해하지 못했다. 그런데 그것이 관행이 아니라 생존의 문제라는 사실을 깨달으니 모든 게 이해되었다. 혹독한 환경에서 살아남기 위해선 우월한 유전자와 이웃의 도움이 절실했던 것이다. "편협한 지식은 편협한 사고방식을 만들고 관대한 지식은 관대한 사고방식을 만든다."

확실하지 않은 정보는 주위에 알릴 필요도 없다. 특히 정치적인 거짓 뉴스를 퍼트리는 것은 자신도 모르게 이용당하는 것이다. 난 나쁜 뉴스는 가급적 공유하지 않는다. 좋은 것만 봐도 인생이 짧은데 굳이 기분 나쁜 뉴스로 주변 사람들의 기분을 상하게 할 필요가 없다.

인생은 유한하다

　지금은 100세 시대를 운운하지만 2023년 기준, 한국 남성의 평균 수명은 80.5세, 여성의 평균수명은 86.6세라 한다. 그런데 보험개발원이 생명보험 가입자 통계를 이용해 2024년 1월, 제10회 경험생명표를 개정할 때 남성의 평균 나이는 86.3세, 여성은 90.7세로 바꾸었다. 경험생명표는 보험산업의 평균 사망률로 전 국민을 대상으로 한 국민생명표(통계청)와 함께 사망 현상에 대한 국가지표로 활용된다. 산업화가 막 시작되던 1800년대 서양인의 평균 수명은 35세 안팎이었다. 그래서 조선시대 백성들의 평균 수명도 35세로 추정하고 있다. 이는 높은 유아 사망률과 열악한 의료 환경, 빈번한 전염병과 기근 때문이다. 병에 걸리면 치료를 받지 못하고 죽는 사람이 많아 평균 수명이 낮아진 것이다. 다만 왕의 경우는 영조처럼 86세까지 장수하기도 했지만 단명한 왕도 있어 평균 수명이 46세였다. 지배계층인 양반은 평민에 비해 잘 먹고 의료혜택도 받아 평균 수명이 50~56세였다. 천민의 평균 수명은 40~47세이며 환관의 평균 수명은 가장 높은 60세였다.

　조선시대는 물론 불과 60년 전인, 1960년대까지만 해도 보릿고개가 존재했다. 보릿고개는 지난해 가을에 수확한 양식이 바닥나고, 올해 농사지은 보리는 미처 여물지 않은 5~6월, 식량 사정이 매우 어려운 시기를 의미한다. 이를 춘궁기(春窮期) 또는 맥령기(麥嶺期)라고도 한다. 중국은 1950년대에 마오쩌둥 주석이 대약진 운동으로 쥐와 파리, 모기 등 해충과 참새를 잡도록 했다. 참새가 애써 농사지은 곡물을 쪼아 먹었기 때문이다. 이에 중국 조류학계 권위자 정줘신은 참새가 해충을 통제하는 중요 동물이라고 경고했다. 마오쩌둥은 이에 분노하여 정줘신을 '권위적 반동분자'로 낙인찍어 사상 재교육과 강제 노동을 받게 했다. 참새가 사라지자 풍년을 기대했던 마오쩌둥의 예상과 달리 메뚜기떼가 창궐하여 곡물을 모두 갉아 먹었다. 쥐는 참새의 개체를 줄이는 데 필요했고 다른 곤충들은 참새의 먹이로 필요하다는 것을 몰랐던 것이다. 결국 구소련에서 참새를 수입해 왔지만 대흉작으로 인민들은 해마다 삼백만 명 이상 굶어 죽었다. 최악의 기근으로 굶주림을 참지 못한 사람들은 인육을 먹기도 했다. 또한 식량을 마련하기 위해 자식을 팔거나 아내를 파는 일도 빈번했다.

　중국은 아직도 인신매매가 있다는데 우리나라는 1990년대까지 조직폭력배들의 인신매매 사건이 있었다. 2014년엔 지적장애인을 유괴하여 감금하고 강제 노동을 시킨 '신안 염전 노예 사건'이 널리 알려졌다. 사건이 드러나는 과정에서 섬의 주민들과 인근 공무원들이 범죄에 가담하거나 은폐하기도 했다. 광주고등법원 판사조차 "나라에서 가족이 지원 못 하는 장애가 있는 사람을 그래도 이 염주들이 데리고 있으면서 먹여 주고 재워 주고 보살펴 줬던 거 아니냐."라고 발언했다. 문제는 20년간 월급도 주지 않고 하루 15시간씩 강제노역을 시키며 식사조차 제대로 챙겨 주지 않았다는 점이다. 염전 업주는 이들을 사람이 아닌 가축처럼 부린 것이다. 하지만 염전 업주들은 솜방망이 처분을 받았고 20년간 밀린 월급으로 1,500만 원을 지불했다. 사회적으로 큰 논란이 되었지만 구출된 63명 중 40명의 염전 노예들이 갈 곳이 없어 다시 염전으로 돌아갔다는 소식이 뒤늦게 전해졌다.

  지적장애는 아니지만 평균 지능에 도달하지 못한 경우 장애와 비장애의 경계에 있는 사람을 '경계선 지능'이라 한다. 일종의 인지 장애의 하나로 암기 능력, 분별력, 인지력이 일반인에 비해 현저히 떨어진다. 그러나 외관상 정상인이고 의사소통은 가능하여 이들의 행동이 고의적인 것으로 오해를 사기도 한다. 이는 평균 인식 능력보다는 낮지만(일반적으로 70~85 IQ) 지적장애(70 미만)만큼 심각하지 않은 정도의 지능을 갖고 있기 때문이다. 세계적인 현상이며 인구의 13% 이상이라 하는데 국내에만 700만 명 정도 된다는 것이다. 이런 사람들 또한 사회적 약자로 착취나 사기를 당하기 쉽다.

  우리나라는 1392년부터 1897년까지 500년간 조선왕조의 시대였다. 1897년 조선 말기 고종은 국가의 자주독립을 지키고 왕권을 강화하기 위해 황제 국가를 선포하며 '대한제국'을 수립했다. 하지만 일제의 침략으로 1910년부터 1945년까지 일본의 식민지가 되었다. 일제강점기에는 일본의 제국주의 전쟁으로 인해 가혹한 수탈은 물론 많은 사람이 전쟁터로 끌려갔다. 1945년 8월 15일 일본의 패망과 함께 우리나라는 광복을 맞았다. 하지만 북위 38도선을 기준으로 북에는 소련이, 남에는 미군이 진주했다. 그 뒤로 1950년 6월 25일 북한의 기습으로 전쟁을 치르다 1953년 7월 27일 22시 이후 휴전 상태로 지금까지 지내 왔다. 그러므로 아직 전쟁이 끝난 게 아니다.

그 뒤로 이승만이 초대 대통령이 되어 1948년부터 12년간 대통령직을 유지했다. 1960년 2.28 학생민주의거와 3.15 부정선거를 계기로 4.19 혁명이 일어났다. 4.19 혁명은 3월 15일 부정선거에 폭발한 시민 3,000여 명이 시위를 벌이다 경찰의 집단 발포로 9명이 사망하고 80여 명이 부상당하는 참극으로 촉발한 사건이다. 이를 숨기려 한 이승만 정권의 민낯이 드러난 4월 11일을 기점으로 학생들과 마산 시민이 들고일어났다. 이에 경찰의 발포로 시민이 사망하여 시위는 더욱 확산되었다. 3일간 이어진 시위에 이승만 정부는 '공산당의 사주'로 몰아붙였으나 결국 하야했다. 이승만은 전주 이씨 왕족의 자손으로 태조 이성계의 18대손이자 태종 이방원의 장남인 양녕대군의 16대손이라 한다. 하야 이후 미국 하와이에서 말년을 보내다 1965년 90세로 세상을 떠나 고국에 안장되었다.

1960년 윤보선이 4대 대통령으로 취임했으나 1963년 박정희의 군사 쿠데타로 하야했다. 박정희는 제2야전군사령부 부사령관의 신분으로 군사정변을 일으켜 1963년부터 1979년까지 16년간 장기 집권했다. 박정희는 유신헌법을 통해 영구 집권의 발판을 마련했으나 김재규의 저격으로 사망했다. 대통령 서거로 권한대행을 하던 최규하가 1979년 10대 대통령으로 취임하였으나 1980년 전두환의 군사반란으로 하야했다. 전두환은 국군보안사령관으로 하나회를 위시한 신군부로 1979년 12.12 군사반란을 일으켜 군을 장악하고 1980년 5.17 내란으로 헌정을 중단시켰다. 이후 5.18 민주화운동을 무력으로 진압, 광주에서 다수의 시민들을 학살했다. 그 직후 국가보위비상대책위원회를 신설하여 국정의 실권을 장악했다. 전두환은 1980년부터 1988년까지 대통령으로 재임했으나 독재정권에 대한 국민들의 6월 항쟁으로 물러났다. 6월 항쟁은 1987년 6월 10일부터 6월 29일까지 대한민국 전국에서 벌어진 반정부 민주화 시위다.

1988년에는 대통령 직선제로 바뀌었으나 신군부 핵심인 노태우가 13대 대통령에 당선되었다. 야당 후보인 김영삼과 김대중의 표가 나뉘어 어부지리로 당선되었다는 말도 있다. 하지만 그 당시 투표율이 100%가 넘는 지역이 속출하고 '구로구청 부정 투표함 밀반출 기도 사건'으로 부정선거 의심을 받았다. 1993년 당선된 14대 김영삼 대통령은 군대 내 사조직인 하나회를 척결했다. 1998년 당선된 15대 김대중 대통령은 일본과의 문화 교류 및 IT 강국의 초석을 마련했다. 2003년 당선된 16대 노무현 대통령은 살맛 나는 세상을 꿈꾸며 권위주의를 타파했다. 2008년 당선된 17대 이명박 대통령은 전과 14범임에도 대통령이 되어 알뜰히 챙겨 먹었다. 퇴임 후 실제 전과는 11범으로 밝혀졌으나 재임 기간 뇌물수수와 횡령, 다스 주가조작 사건으로 인해 14개 안팎의 범죄혐의로 재판을 받았다. 사실, 검찰이 다스 주가조작 사건을 은폐하지 않았으면 대통령 선거에 나오지도 못했다. 2013년 당선된 18대 박근혜 대통령은 국정농단 사건으로 임기를 마치지 못하고 탄핵되었다. 2017년 당선된 19대 문재인 대통령은 코로나-19 전염병을 잘 막았으나 부동산 정책 실패로 국민들의 원성을 샀다. 2022년 당선된 20대 윤석열 대통령은 술을 좋아해 제때 출근도 하지 않았다. 아사히 신문에 따르면 새벽까지 20잔의 소맥을 마셨고 4월 10일 총선 이전부터 계엄을 언급했다고 한다. 결국, 영구 집권을 위한 친위 쿠데타로 2024년 1월 19일 서울구치소에 수감되었다. 내란수괴 혐의를 받는 윤석열은 2024년 12월 3일 비상계엄을 선포하고 국회를 장악하기 위해 무장군인들을 보냈으나 쿠데타에 실패했다. 그 이유는 계엄군이 명령을 어기진 않았지만 적극적으로 따르지도 않았기 때문이다.

 우리나라의 민주주의 역사는 불과 40년도 채 되지 않는다. 그럼에도 불구하고 세계 최초로 후진국에서 선진국 반열에 올랐다. 경제적으로는 6.25 전쟁 후 원조를 받던 나라에서 72년 만에 원조를 해 주는 나라가 되었다. 그 당시 우리나라는 최빈국이었기에 선진국 외 필리핀이나 터키, 태국 등 많은 국가들이 우리에게 원조를 해 주었다. 1970년대까지만 해도 필리핀이나 터키, 태국 등은 우리나라보다 훨씬 잘살았다. 우리나라 경제는 북한보다 못했는데 1970년대 이후부터 서서히 역전했다. 북한은 1970년까지 황금기로 한국보다 경제사정이 좋았다. 하지만 1975년에 이르러 국민소득이 역전되어 한국은 591달러, 북한은 579달러가 되었다. 그 뒤로 격차가 점점 벌어져 2024년에는 한국의 1인당 국민 총소득은 4,725만 원, 북한은 159만 원으로 30배 차이로 벌어졌다.

한국이 선진국에 발을 들인 것은 불과 몇 년 안 된다. 최빈국에서 개발도상국이 되어 중진국에서 오래 머물렀다. 중국의 꽌시 문화처럼 우리나라도 그런 게 있었다. 꽌시는 중국어로 관계라는 뜻인데 오랜 시간 동안 상호 간의 신뢰를 쌓고 검증을 거쳐 믿음이 생성되었을 때 비로소 형성된다. 폐쇄적이지만 내부적 단결력과 구속력이 높기에 단순한 인간관계와는 차이가 있다. 꽌시는 암묵적인 상호 간 이익을 보장해 주는 호혜적인 관계가 기반이 되어야 한다. 꽌시가 본격적으로 확산된 것은 문화혁명 때부터이다. 홍위병들이 구시대 청산이라는 구호 아래 교사, 지식인들을 박해, 처형할 때 목숨을 걸고 변호한 사람들, 그들의 관계를 진정한 꽌시라 불렀다.

하지만 꽌시의 유래에는 경제적 기질 또한 명백히 작용했다. 따라서 신뢰할 만한 중개인이라는 뜻이다. 지금은 세속적 꽌시로 변질해 차별적 대우를 바라는 부정부패의 비즈니스가 되었다. 한국에서는 청탁이나 뇌물이라고 할 수 있다. 이를 금지한 「부정청탁 및 금품 등 수수의 금지에 대한 법률(청탁금지법)」은 2015년 3월 27일 제정되었다. 오래전부터 뇌물이나 부정청탁 문제는 계속 제기되었으나 2011년 '벤츠 검사' 사건으로 법률화되었다. 현직 여검사가 변호사로부터 사건 청탁을 대가로 벤츠 자동차와 샤넬 가방 등 고가의 선물을 받았다는 의혹이 제기되었다. 그러나 내연관계로 주고받은 선물일 뿐 대가성이 없다는 이유로 무죄판결이 내려졌다. 이처럼 검사들이 거액의 금품을 수수하고 "직무 관련성이나 대가성이 없다."라는 이유로 혐의를 일부 벗거나 무죄를 받아 여론이 거세졌다. 결국 공직자의 부정부패 방지 법안으로 청탁금지법이 만들어졌다.

검사에게는 개인이나 단체, 기관 등을 수사할 수 있는 수사권과 재판을 청구할 수 있는 공소권이 있다. 검찰은 특정한 대상을 미리 정해 놓고 그 대상만을 지나치게 집중적으로 수사하는 '표적 수사'를 하면 안 된다. 또한 수사 중 압수수색을 통해 얻은 자료로 수사하고자 하는 사건이 아닌 다른 수사를 하는 '별건수사'도 하면 안 된다. 더더군다나 상대를 괴롭히기 위해 '보복 기소'를 해도 안 된다. 검찰은 '고발을 사주'하여 특정 대상을 괴롭혀도 안 된다. 그런데 이런 일들이 공공연하게 벌어지고 있다. 실제로 대기업에서 떡값을 받고, 비리 혐의자들과 강남 룸살롱에서 질펀하게 어울리며, 사건 관계자와 내연관계를 맺기도 하고, 별장에서 엽기적 성 접대까지 받고, '간첩 조작'에 보복 기소까지 감행하는가 하면, 고발 사주를 기획하고, 위장전입은 물론, 툭하면 음주 운전을 하고, 경찰관을 폭행하고, 피의자를 협박하거나 참고인에게 폭언을 퍼부어도 대부분 형사 처벌은커녕 내부

징계도 받지 않는다. 일반 공무원이라면 파면을 포함해 중징계감이지만 검사들은 어쩌다 언론 등에 '재수 없게' 걸려 봐야 견책, 감봉 등 솜방망이 수준의 경징계 처분에 그쳤다.

검사들이 헌법이 금하는 '특수계급' 행세를 하며 다른 공무원들과는 전혀 다른 특권을 만끽할 수 있는 주요 배경 중 하나가 「검사징계법」이다. 「검사징계법」이란 검사가 직무상의 의무를 위반하거나 직무를 게을리했을 때, 그리고 직무 관련 여부에 상관없이 검사로서의 체면이나 위신을 손상하는 행위를 했을 때 징계하는 법이다(「검사징계법」 제2조). 그러나 법률 명칭과는 달리 사실은 검사 징계를 안 하거나 시늉만 내기 위한 '검사징계최소화법'으로 작동한다. 비위 검사들의 방탄 막이자 뒷배인 것이다. 특히 「검사징계법」에는 공무원 징계령과 달리 '파면'에 관한 조항이 없다. 다른 공무원들과는 차원이 다른 특권을 누리는 것이다. 검사를 파면하려면 탄핵밖에 없는데 이는 국회의원 3분의 1 이상의 발의가 필요하고, 국회 본회의 표결에서 재적 의원의 과반수가 찬성해야 의결된다.

게다가 모든 사람들이 간과하고 있는 가장 큰 비리는 엉터리 수사로 면죄부를 주거나 기소조차 안 하는 것이다. 김건희가 주가조작을 했어도 기소를 안 하니 처벌할 수 없는 것이다. 기소를 해도 수사를 제대로 안 하면 증거불충분으로 풀려나게 돼 있다. 또한 수사권이 없는 곳에서 수사한 증거는 불법이기에 이를 악용해 면죄부를 주기도 한다. 세월호 참사나 이태원 참사 등 큰 사건을 요란하게 시작해도 솜방망이 처분으로 끝낼 수 있는 것이다.

  고위 검사와 판사는 사직 후 1~2년 만에 수십억 원에서 수백억 원까지 벌어들인다. 이를 '전관예우'라 하는데 현재 사법 분야의 가장 큰 적폐 중 하나다. 누가 변호하든 형량이 똑같이 나오면 이런 높은 수임료를 받을 수 없다. 전관예우로 인해 형량이 바뀌는 "유전무죄, 무전유죄"는 '법률 허무주의'를 낳는 가장 대중적인 사례다. 이는 사법부에 대한 국민적 불신을 초래하는 대표적인 현상이기도 하다.

  한국은 이제 문화를 수출하는 선진국이 되었다. 그런데 후진적 관행은 여전히 남아 있다. 그 이유는 정치적 후진성 때문이다. 국가권력의 작용을 입법과 사법과 행정으로 나눠 상호 견제와 균형을 유지하게 했다. 입법부인 국회는 대통령과 정부가 하는 일을 감시하고 대법원장 임명에 동의하거나 반대함으로써 행정·사법을 견제해야 한다. 행정부인 정부는 대통령과 국무총리, 장관 등으로 구성된 조직으로 나라의 살림을 운영하고 법을 집행하며 법률안 거부권 및 사면권 등으로 입법·사법부를 견제해야 한다. 사법부인 법원은 대법원, 고등법원 등 법원 조직을 말하며 법을 바탕으로 사회의 여러 갈등을 심판한다. 또한 입법부가 만든 법률과 행정부의 위반 행위를 판단하고 심판해야 한다.

  그런데 이런 기능이 제대로 작동하지 않고 있다. 그 이유는 아직도 민주주의가 완성되지 않았기 때문이다. 민주주의는 한 국가의 주권이 특정 개인이나 집단이 아닌 국가에 속한 모든 국민에게 있음을 확인하고, 국민의 권력을 기반으로 현실 정치를 구현하는 사상 또는 체제이다. 이 말은 '헌법 앞에 누구나 평등'해야 한다는 뜻이다. 그런데 지배계층은 아직까지도 특권의식을 갖고 있다. 2016년 7월 7일 국장급 고위공직자였던 교육부 나향욱 정책관은 교육부 대변인, 대외협력실 과장, 경향신문 정책사회부장 송현숙, 교육부 출입기자와 저녁 식사를 했다. 이 자리에서 "민중은 개·돼지 취급하면 된다." 또한 "신분제를 공고화시켜야 한다."라고 언급했다. 이 언행이 알려지며 파면 처분을 받았으나 소송으로 복직이 확정되어 강등 처분 징계를 받았다. 1988년 교도소 이송 중 탈옥하여 인질극을 벌인 지강원은 "유전무죄 무전유죄"를 외쳤다. 이는 똑같은 죄를 짓고도 사회적 계급에 따라 암암리에 다른 처벌을 받는다는 뜻이다. 본인은 가정집에서 556만 원을 훔친 잡범이었지만 징역과 보호감호 등 17년이나 수감생활을 해야 했다. 하지만 73억 원을 횡령한 전두환의 동생 전경환은 겨우 7년을 선고받고 심지어 3년도 안 돼 풀려난 것에 대한 분노였다. 지강헌 사건은 37년이나 지났지만 아직도 '유전무죄 무전유죄'는 그대로 남아 있다.

사람들은 신분제가 철폐되었다고 생각한다. 하지만 아직도 눈에 보이지 않는 신분제는 남아 있다. 특히 기득권을 가진 사람들은 자신이 차지한 권리를 놓지 않으려고 불철주야 노력하고 있다. 그 결과, 자신이 판검사이면 자식도 판검사를 시켜 권력을 계속 유지하려 한다. 부자들은 자식에게 재산을 물려주어 부를 계속 유지하려 한다.

인도는 사회를 계급화하는 카스트 제도가 아직 남아 있다. 계급화는 사람들을 출생에 따라 사회적으로 나누는 체계이다. 브라만은 종교를 담당하고 크샤트리아는 전사와 행정가로 이루어져 있다. 바이샤는 상인과 농부로 구성된 계급이고 수드라는 노동자와 서비스 계급이다. 이 네 가지 계급에 속하지 않은 사람들은 불가촉천민으로 종종 시체와 도살에 관련된 일을 한다. 따라서 가장 적은 임금을 받으며 혐오적인 일을 한다. 이처럼 계급을 나누는 것은 각자 맡은 역할과 책임을 다하게 하고 계급 간의 접촉을 최소화하고 상호 작용을 통제하기 위한 것이다. 이는 지배자들이 국민을 관리하기 위한 방편인 것이다. 현재 인도는 헌법상 평등원칙에 따라 계급 간 이동이 가능하나 실질적으로는 여전히 사회적, 경제적인 요소들로 제한받고 있다. 그 이유는 하층민일수록 가난한 가정에서 태어나 교육이나 직업 기회에 접근하기 어렵기 때문이다. 또한 구시대의 인식은 그대로 남아 불가촉천민인 달리트는 힌두교 사원에 들어갈 수 없으며 상위 카스트와 신체접촉을 하면 칼에 맞아 죽기도 한다. 과거에는 불가촉천민이 힌두교 경전을 봤다는 이유로 눈을 뽑아 버리거나 신체 부위가 경전에 닿으면 그곳을 잘라 버리기도 했다. 상위 계급은 달리트가 불결하고 부정 탄다며 온갖 멸시를 하면서 성폭행은 자행한다. 또한 하위 카스트 출신이 부자가 되면 상위 카스트들이 밤중에 습격하여 재산을 뺏거나 살해하는 경우도 있다. 실제 달리트 성폭행이나 약탈 살인 사건은 2020년 이후에도 언론에 보도되었다. 달리트는 인도 인구의 6분의 1이며 계급 간 이동이 없다 보니 피부 톤이나 생김새,

언어까지 달라서 외모에서도 차이가 난다. 기원전 1300년경 아리아인 세력이 인도 아대륙 전체를 장악하며 그곳에 살고 있던 주민들이 수드라와 달리트 계급이 되었다. 그리고 오랜 세월에 걸쳐 브라만교와 힌두교가 카스트 제도를 체계화하고 정당화해서 쉽게 없앨 수 없게 된 것이다.

한국은 조선시대까지 신분제가 공고했다. 이는 양반과 중인, 상민과 천민으로 나뉘었다. 상것이란 신분이 아닌 양반들이 평민을 낮잡아 부른 표현이다. 조선시대 천민은 곧 노비이며 이외에 하는 일이 힘들고 괴로운 직업군도 천민 취급을 했다. 엄격한 신분제 속에서 양반이라도 대역죄로 몰락하면 천민으로 격하되고 국가에 공을 세웠거나 왕에게 충성하면 면천되어 신분이 상승되었다. 또한 천민이라도 80세가 되면 나라에서 벼슬을 내려주어 면천되었다. 노비제도는 갑오개혁으로 공식적으로 폐기되었다.

조선 초기 지배계층인 양반의 비율은 1~2% 미만이었으나 조선 후기 삼정의 문란으로 양인들이 양반의 지위를 획득하여 철종 때에는 국민의 70%가 양반이었다. 일제의 조사에 의하면 양반은 1.9~5%로 추정하였는데 양반 70%설은 일본 학자가 조선시대 호적을 잘못 파악한 것이라 한다. 진주 문화원 향토연구실장인 추호석 등은 41%가 노비로 나온 산청군 호적과 47%가 노비로 나온 울산 호적 등을 근거로 우리나라 사람 90%를 노비의 후손이라 주장하기도 했다. 이는 귀족적 사회에서 그렇게까지 특이한 일은 아니라 한다.

일본은 1868년 메이지 유신 이후 신분제가 철폐되었다. 하지만 한국의 백정과 같은 일본의 부라쿠민은 아직도 일본에서는 이민족 취급을 받으며 멸시당하고 있다. 일본의 귀족들이 평민들을 부라쿠민으로 만들기도 했었기 때문에 혈통적으로는 별 차이가 없다 한다. 일본 평민들은 심지어 조선 같은 외국에도 노예로 팔리기도 했다.

 뉴라이트는 일제강점기 때 일본이 조선의 신분제를 없애 주었다고 주장한다. 하지만 공식적으론 없어졌어도 실질적으론 6.25 전쟁 이후에 없어졌다. 『한국인의 탄생』을 집필한 홍대선 작가는 조선의 노비는 공민이라 하여 사유재산을 가질 수 있고 상속도 가능했다고 말한다. 또한 법적인 보호를 받았기에 일본의 메이지 유신 시대 농노보다 처우가 더 좋았다. 당시 중국과 일본은 노비제가 없었을 뿐 노비와 인신매매가 활발했다. 유럽의 경우도 농노는 땅의 일부로 보아 토지를 소유한 영주의 것이기에 노예와 다름없었다. 즉 그 당시 조선의 노비는 동시대 농노나 노예보다 처우가 좋았다. 조선시대 내내 노비의 비율은 10%, 20%였으나 최고 많을 때는 40%로 추정하고 있다. 이는 전란 전후 조세와 군역, 부역을 피하기 위해 스스로 노비가 되었기 때문이다. 또한 임진왜란 이후 1939년 경신대기근 시 단성 지역에 64%가 노비였던 것은 "스스로 자청하여 조세와 부역을 피했다."라고 한다. 현재에도 근로소득은 있지만 세금을 안 내는 사람이 2020년 기준으로 37%가 넘는다. 부역은 없어졌으니 후대에서 조세를 안 내는 37%의 사람들을 노비라 생각할 수도 있다. 그런데 생각해 보니 대한민국의 병역 의무도 일종의 부역일 수 있다.

현재의 시각으로 100년 전, 일제강점기나 더 나아가 조선시대의 풍습을 재단할 수는 없다. 그 시대에는 그에 맞는 법과 풍습이 존재했을 것이다. 신분제가 있었던 조선시대를 경험한 사람은 없겠지만 격동의 세월을 거쳐 현재의 민주주의로 바뀌었다. 하지만 민주주의를 수호하고 국가 통치의 근간을 형성하는 '헌법이 잘 지켜지고 있는지'는 의문이다. 헌법 제11조 1항 "모든 국민은 법 앞에 평등하다. 누구든지 성별·종교 또는 사회적 신분에 의하여 정치적·경제적·사회적·문화적 생활의 모든 영역에 있어서 차별을 받지 아니한다." 2항 "사회적 특수계급의 제도는 인정되지 아니하며, 어떠한 형태로도 이를 창설할 수 없다."라고 되어 있다. 하지만 아직도 공공연히 민간인 사찰이나 블랙리스트가 나오고 있다. 나는 오래전부터 학교라는 시스템은 양질의 노동자를 만드는 곳이라 생각했다. 교육을 통한 인격 성장과 자아실현은 핑계일 뿐 전부 획일화시켜 부려 먹기 편하도록 만드는 곳이라 믿었다. 그렇지 않으면 자본주의에 필요한 경제나 법을 가르치지 않을 이유가 없다. 그것도 60년 넘게 써먹어야 하는 인생 필수 불가결 한 과목을 말이다.

한국인의 평균 수명은 100년 전인 1925년에는 남성 32.4세, 여성 35세에 불과했다. 하지만 불과 100년 만에 그 2배를 넘어 100세 시대가 코앞에 다가왔다. 현대 의학은 사람의 최대 수명을 115세에서 120세 정도로 추정하고 있다. 수명은 점차 늘지만 실질적인 노동은 고등학교나 대학교를 졸업한 20대 후반부터 60세까지 하게 된다. 그 이후부터 노후를 제대로 준비하지 않으면 30년 이상 빈곤하게 살아야 한다. 한국의 노인 빈곤율은 2023년 OECD 회원국 중 가장 높은 38.2%라 한다.

OECD(경제협력개발기구)는 1948년 4월 16일, 17개 국가가 공동 설립했고 한국은 1996년 12월 12일 13번째 가입했다. 현재는 총 38개의 회원국이 있지만 선진국이 아닌 국가도 있다. 한국이 6.25 전쟁 이후 최빈국에서 선진국 반열에 오른 것은 불과 몇 년 안 된다. 유튜버들이 많이 올리는 국뽕 영상은 "카페나 식당에서 핸드폰이나 짐을 놔둔 채 화장실에 가도 훔쳐 가지 않는다."라거나 "상점 밖에 상품을 진열해도 훔쳐 가지 않는다."라는 내용 일색이다. 실제로 먹고살기 좋아져 좀도둑이 많이 줄어든 건 사실이다. 예전에 그 많던 소매치기는 2000년 전후로 사라졌다.

요즘 젊은이들은 MZ세대를 넘어 잘파(Z+Alpha)세대라 한다. MZ세대는 남을 의식하지 않고, 당당하게 행동하는 이들을 가리키는 신조어다. 잘파(Z+Alpha)세대는 1995년에서 2009년 태어난 Z세대와 2010년 이후에 태어난 알파 세대를 합친 신조어다. 이들은 사회초년생부터 지금 태어나는 아이들을 통틀어 이르는 개념인데 스마트폰 대중화로 완전한 디지털 세상을 경험한 첫 세대이다. 잘파세대는 개개인이 소비자인 동시에 마케팅 채널이며 구매력이 꽤 높다. 출산율의 급락으로 부모 외에 할아버지와 할머니, 이모, 삼촌 등의 지원을 혼자서 받기 때문이다. 조선시대 말기부터 지금까지 그리고 앞으로도 인간의 삶은 '먹고사는 문제'를 해결하는 게 제일 큰 과제다.

먹고사는 문제가 해결되어야 문화든 예술이든 할 수 있다.

　한국은 민주주의 사회이면서 경제체제는 자본주의 사회이다. 자본주의 사회는 자본이 많을수록 유리하다. 표면적으로는 신분제가 없어졌지만 직업의 귀천과 자본의 불평등은 없어지지 않는다. 대통령과 노숙자에 대한 인식이 똑같을 리 없듯이 부자와 가난한 사람의 인식도 마찬가지다. 그런데 헌법에는 차별을 할 수 없다고 명시할 수밖에 없다. 만일 차별할 수 있다고 명문화하는 순간 아비규환이 시작될 것이다. 사람들이 공평하게 대우받지 못하면 분노하기 때문이다. 인간도 동물이라 정글의 법칙이 그대로 적용된다. '강자에게 약하고 약자에게 강한 게 정글의 법칙'이다. 또한 힘의 논리가 그대로 이어진다. 그래서 철학자이자 수학자, 과학자이며 작가인 블레즈 파스칼은 "힘없는 정의는 미약하고 정의 없는 힘은 포악하다."라고 했다.
　지난 100년간 역사는 끊임없이 변화했다. 심지어 6.25 전쟁은 1953년 7월 27일 휴전했기에 불과 73년밖에 안 되었다. 아직도 6.25 전쟁을 경험한 분들이 살아 있다는 얘기다. 우리 아버지는 돌아가셨지만 고등학교 3학년 때 6.25 전쟁이 끝났다. 전쟁의 폐허 속에서 많은 혼란과 국민들의 희생으로 여기까지 왔다. 전쟁 후 재건 과정에서 많은 특혜로 일부 기업들이 크게 성장했다. 결과적으론 경제발전을 이루었지만 한편으론 우리나라에만 있는 대기업 중심의 성장 모델이 만들어졌다. 이때 무상과도 같은 일본인의 귀속재산불하로 정경유착과 부정부패가 고착되었다. 미군정은 1945년 12월 6일

조선 내 일본인 재산의 귀속을 통해 사유재산을 몰수했다. 하지만 귀속재산불하는 6.25 전쟁이 끝난 1954년 시작하여 1958년 5월까지 90% 이상 완료했다. 일본인의 사유재산은 우리나라 총자산가치의 80%에 이르렀다. 이때 친일 재산가들이 많이 불하받았고 정치인이나 관료는 뇌물을 받고 불하해 주는 경우도 있었다. 일본인들은 한반도의 재산 소유권을 포기하지 않고 찾으려 했으나 '한일기본조약'을 맺으며 청구권을 포기했다.

한일기본조약에는 모든 청구권으로서 동일자 이전에 발생한 사유에 기인하는 것에 관하여는 "어떠한 주장도 할 수 없는 것으로 한다."라는 내용이 있다. 이는 "전쟁 중에 생긴 손실 또는 손해에 대한 일체의 항목을 청구할 수 없다."라는 법적 용어를 사용하지 않아 객관적 해석이 안 되는 것이다. 법적인 관점에서는 '모든 청구권'에 '불법행위에 기한 손해배상청구권'이 포함된 것인지도 모호하다. 그런데 국가와는 별개의 국민 개인의 동의 없는 국민의 개인청구권을 직접적으로 소멸시키는 것은 근대법의 원리와 상충된다. 따라서 일제 징용피해자와 근로정신대 피해자들이 못 받은 일반기업의 채불 임금과 전쟁배상금은 엄연히 다르다. 하지만 어떤 이유에서인지 대법원에서 배상금 승소 판결을 내렸는데 윤석열 정부는 일본 전범 기업을 대신하여 국내 기업들이 출원한 금원으로 대신 배상금을 지급하려 했다. 강제징용 피해자들은 일본의 사과 없는 윤석열 정부의 변제안을 거부했고 이에 윤석열 정부는 공탁을 시도했다. 제3자 변제 안은 법원의 확정판결로 생긴 개인의 권리(청구권 등)를 정부가 침해할 수 없을 뿐 아니라 정부가 대신 변제할 의무가 없기 때문에 법적으로 공탁의 성립 요건을 충족할 수 없다. 이런 법리적 문제를 떠나 국민주권이란 원칙을 심각하게 훼손하였기에 정당성 또한 없다.

결국 국민들에게 밝힐 수 없는 한일 정부 간 밀약이 있는 것은 아닌지 의심할 수밖에 없다. 아니면 한일기본조약 당시 일본으로부터 받은 배상금을 박정희 정권에서 피해자들에게 돌려주지 않은 것인지 모르겠다. 분명한 것은 패전국은 승전국에게 전쟁에 따른 국가에 대한 배상금과 개인에 대한 배상금을 지불해야 한다. 더군다나 개인과 전범 기업 간의 배상금을 국가가 강제할 수는 없다.

인생은 유한하다. 하지만 대부분의 사람들은 인생이 무한한 것처럼 살고 있다. 어느덧 늙고 병든 자신을 돌아볼 때 '자신이 하지 못한 일들을 후회한다.' 우리는 헌법 제11조 1항과 2항에 나온 것처럼 "법 앞에 평등하다거나 특수계급의 제도는 인정되지 아니한다."라는 말에 동의할 수 있을까? 동의하는 사람도 있겠지만 지나온 역사를 보면 누구에게나 평등한 적은 없었다.

난 인간도 생물학적으로 동물이라 '정글의 법칙'이란 관점에서 힘의 논리가 그대로 적용된다고 보고 있다. 지난 100년간의 역사를 보면 평등하게 살고 싶어도 누구나 평등한 삶을 누리지 못했다. 개개인에게 억울한 사정도 생기고 억울한 죽음도 당했다. 독일의 법학자인 루돌프 폰 예림은 "권리 위에 잠자는 자는 보호받지 못한다."라는 말을 했다. 이는 자신이 가지고 있는 권리를 오랫동안 사용하지 않으면 그 권리는 법으로 보호받을 수 없다는 뜻이다. 법이라는 것은 사회의 안정을 위해 존재하는 것이다. 하지만 '공소시효'가 있는 것은 국가 형벌권의 불완전성과 형벌의 목적은 범죄인을 사회로 복귀시키는 것이라는 명제에서 비롯되었다. 민법에서의 '소멸시효'도 재산권을 행사할 수 있음에도 불구하고 일정한 권리를 행사하지 않으면 채권이 소멸되는 것과 마찬가지다. 따라서 국가가 국민의 권리를 챙겨 줘야 하는 의무가 있는 게 아니라 국민이 알아서 자신의 권리를 행사해야 하는 것이다.

재벌의 갑질로 공분을 샀던 대한항공 전 부사장이었던 조현아의 '땅콩 회항'이나 위디스크로 알려진 한국미래기술 양진호 회장의 직원 도청·폭행 사건 등도 대표적인 차별이다. 물론 재벌과 악덕 사장뿐 아니라 아파트 입주민의 갑질로 극단적인 선택을 한 경비원도 있다. 그런데 요즘 젊은 세대에서는 경제적 불평등으로 인해 사회와의 접촉을 기피하거나 반대로 노동법을 악용하는 사례도 늘고 있다. 한 식당 직원은 상습적인 지각과 태업을 하다 해고되자 소송을 했다. 재판 과정에서 경북지방노동위원회에 총 14회에 걸쳐 부당해고 구제신청을 제기한 사실이 드러났다. 그는 소규모 사업장에서 열흘에서 석 달 정도 일하다 해고되면 소송으로 합의금을 받아 낸 것이다. 부당해고가 인정되면 분쟁 기간 일하지 않고 월급을 받을 수 있는 법을 악용한 것이다. 학원 강사였던 A 씨 또한 며칠만 근무하고 잠수를 탔다가 해고되면 노동위원회에 부당해고 구제신청을 해서 금전을 갈취했다. 문제는 거짓 이력서로 합격하여 수차례 범행을 저지르는 동안 많은 학원들이 피해를 봤다는 것이다. 임신 사실을 숨긴 신입 직원이 식당에서 일한 지 40일 만에 육아휴직을 썼다거나 카페에서 10개월 계약직으로 일하다 9개월 만에 육아휴직을 쓴 경우도 있다. 온라인 게시판에는 "입사 3개월 만에 육아휴직을 쓴 여성이 입사 동기보다 승진이 늦어지자 사측에 보복성 조치라는 불만을 쏟아 냈다."라는 글이 올라오기도 했다.

  나는 월급만 받고 출근 안 하는 사람과 출근하여 일하는 사람을 똑같이 평가하는 게 오히려 차별이라 본다. 사장이나 업주 입장에서 보면 황당하지만 직원 입장에서는 자신의 권리를 지킨 것뿐이다. 정치인들이 법을 만들 때 이렇게 악용할 것이라는 생각은 하지 못하고 보편적이고 일률적으로 만드는 경우가 많다. 이런 분쟁보다 더 최악인 것은 가난의 대물림이다. '영아는 영양이 부족하거나 스트레스가 높은 환경에 자주 노출되면 뇌가 덜 발달하게 된다. 생후 두 달 정도만 되어도 뇌의 단백질 양이 적다. 컴퓨터에 비유하자면 중앙 처리 장치가 제대로 작동하지 못한다. 그래서 아이들이 3세가 됐을 때 벌써 눈에 띄게 아이큐가 낮아진다. 지적 능력이 떨어지면 다음 세대에도 영향을 미친다. 따라서 가난할수록 아기를 제대로 돌보지 못해 아이큐가 낮아지고 그들의 자녀도 영향을 받는다.' 영아뿐 아니라 성장 과정에서의 교육도 격차를 벌리는 역할을 하는 것 같다. 하지만 억울한 일 때문에, 불평등 때문에, 미래가 안 보인다 해서 인생을 낭비하면 안 된다. 오히려 더 열심히 노력해야 한다. 자본주의 사회에서 유일하게 평등한 것은 각자에게 주어진 24시간뿐이다.

  당장 일이 잘된다 해서 계속 잘된다는 보장도 없다. 통계청 자료에 의하면 신생기업 생존율은 10년 내에 10%밖에 안 된다. 커피 음료점의 존속 연수는 평균 3년 1개월이고 외국식 전문점은 3년 11개월, 패스트푸드점은 4년 6개월이다. 제일 생존율이 높은 기타 음식점은 6년 3개월, 간이주점은 7년 2개월이다. 이런 낮은 생존율은 미국 또한 마찬가지다. 순자산만 500조가 넘는 자수성가형 부자인 일론 머스크조차 자신이 성공한다는 생각을 안 했다고 했다. 그러니 창업을 하거나 직장을 다니는 사람도 목표가 생기면 그냥 하는 수밖에 없다. '하늘은 스스로 돕는 자를 돕는다.'

성공하는 법

나는 재테크로 경매에 관심을 가졌으나 세간의 나쁜 인식 때문에 입문을 계속 미루었다. 이미 1993년 5월, 부동산 경매제도가 입찰제로 바뀌었지만 과거 호가제의 나쁜 인식은 쉽게 바뀌지 않았다. 호가제 시절엔 깡패들이 일반인의 참여를 방해하기 위해 위협하고, 좋은 정보는 뇌물을 주고 빼돌렸다고 한다. 또한 망한 사람의 부동산이라는 부정적 인식과 더불어 채무자들을 동정하는 사회적 분위기도 한몫했다. 하지만 이런 것들은 그저 편견일 뿐이다. 경매 자체는 옳고 그름이 없고 단지 사회에 필요한 시스템일 뿐이다. 부동산 경매는 정부가 '민사집행법'에 의해 빚을 못 갚은 채무자의 부동산을 강제로 매각하여 그 대금을 채권자에게 돌려주는 절차다. 따라서 국가가 채권자와 채무자 간 채무 관계를 정리해 주는 게 경매인 것이다. 만일, 경매제도가 없다면 은행은 돈을 빌려주지 않을 것이고, 돈이 필요한 사람도 은행에서 빌리지 못할 것이다. 또한 채무 관계로 인한 개인 간 다툼도 커질 것이다.

경매에 대한 부정적 인식을 바꾸고 2007년 말, 『나는 쇼핑보다 경매투자가 좋다』의 저자 박수진 씨의 출판 기념 강의를 시작으로, 『39세 100억 젊은 부자의 부동산 투자법』 저자인 이진우 소장의 강의에 흠뻑 빠졌다. 덕분에 경매도 제대로 모르면서 돈 욕심에 무데뽀로 농지의 지분을 낙찰받았다. 그것도 서울·경기도 인근이 아닌 충청남도 안면도의 땅이었다. 2008년 3월, 처음 농지를 낙찰받고 6월엔 보령에 있는 밭을 낙찰받았다. 그 뒤로 2009년 2월엔 춘천에 있는 상가를 낙찰받았다. 3건 모두 1,500만 원 내외의 물건이었다. 지금 뒤돌아보면 처음부터 서울·경기도 소재의 빌라를 낙찰받았으면 수익률이 좋았을 것이다. 그런데 기획부동산 출신의 이진우 소장의 말에 현혹되어 가장 어려운 땅부터 투자했다.

처음부터 지방의 농지를 낙찰받고 강원도 소재의 상가를 받았으니 수익을 내기 힘들었다. 어쨌든 나는 장기투자 목적으로 금액이 적은 물건을 다량 보유하기로 마음먹었다. 덕분에 1년간 3건을 낙찰받았지만 소위 '임장'이라는 경매 물건을 확인하러 다닌 장소는 100곳도 넘는다. 임장도 공부라는 생각에 경매 물건을 보러 다녔는데 그 과정에서 느낀 생각을 정리해 『바닥부터 시작하는 왕초보 부동산 경매』라는 책을 출간했다. 이 책은 경매 초보자인 내가 나보다 더 초보자들을 위해 '이렇게 하면 안 된다'는 실패담이다. 또한 내가 경매에 입문하게 된 경위를 솔직하게 기술했다. 2009년 5월 책을 출간한 뒤 10년 만에 『월급쟁이, 부동산 경매로 벤츠 타다』를 출간하였다. 그

동안 총 27건의 경매 물건을 낙찰받으며 수많은 채무자들을 만났다. 소위 망한 사람들인데 보증을 섰다가 경매를 당한 일부를 제하면 몇 가지 공통점이 있었다. 최소 100명 이상의 채무자를 만나 내린 결론이기에 더 만나도 똑같을 거라 생각한다.

첫째, 항상 남의 탓을 한다.
"부모가 사업자금을 안 대 줘서 사업이 망했다."라는 60대 아저씨의 넋두리는 정말 듣기 거북했다. 60살이 넘어도 자신의 인생을 스스로 책임지지 못한 채 부모 탓만 하고 있으니 성공할 턱이 없다. 이런 사람은 내 잘못이 없기에 절대 '나를 바꾸려고도 배우려고'도 하지 않는다.

둘째, 거짓말을 잘한다.
부동산을 낙찰받아 명도할 때, 공과금을 대신 정산해 달라는 경우가 있다. 나중에 갚겠다 했지만 거의 받은 적이 없다. 거의란 말은 내가 혹여 잘못 알고 있을 수 있기에 사용한 말일 뿐 없다고 봐도 무방하다. 사실 낙찰자는 잔금을 내고 나서 소유권을 취득하므로 소유권을 취득한 이후부터 공과금을 납부하면 된다. 하지만 이런저런 이유로, 심지어 임차인 중에는 현관 열쇠가 이삿짐에 섞였다며 우편으로 보내 주겠다 했지만 이후 소식이 끊긴 이도 있었다. 어차피 지키지 않을 약속이라 거짓말을 밥 먹듯 하는데 이렇게 신용이 없는 사람은 주변에서 도와주지 않는다. 살아 보니 약속을 지키려는 사람들은 자신에게 유리하도록 흥정을 한다. 하지만 약속을 지킬 생각이 없는 사람들은 거짓말로 위기를 모면한다.

셋째, 대체로 게으르다.

부지런하면 뭘 해도 먹고산다. 그런데 경매로 넘어간 집들은 자포자기해서 그런 것인지, 대체로 게으른 것인지 관리가 안 되어 있다. 어쩌면 관리를 안 해서 경매로 넘어간 것인지 헷갈릴 때도 있다. 분명한 것은 대체로 깨끗한 집은 보증을 섰다가 망한 사람들이다. 그러니 보증을 서고 싶다면 사람도 집도 다 잃을 각오로 해 줘야 한다. 마지막으로 한 가지 더 추가한다면 '보는 시야가 좁다'는 것이다. 멀리 못 보니 눈앞의 작은 이익만 좇는다. 그래서 눈에 보이는 뻔한 거짓말도 잘하고, 수준이 낮다 보니 그 밑에서 머물러 있다. 한마디로 표현하면 그릇이 작다.

망하지 않으려면 내 그릇을 키워야 하고, 부지런하고, 정직하고, 신용 있는 사람이 되면 된다. 하지만 이것이 성공하는 방법은 아니다. 주변에 열심히 일해도 성공하지 못하는 사람이 부지기수다. 이러한 조건은 단지 망하지 않기 위한 기본 중의 기본인 것이다. 그렇다면 성공하는 방법은 무엇일까? 내가 아직 성공하지 못했기에 딱히 뭐라 말하진 못하겠다. 다만, 목표를 정하고 실행하되 포기하지 않으면 실패한 것이 아니기에 계속 전진할 수 있다. 정약용의 제자로 들어간 황상이 공부를 열심히 하라는 말에 "선생님, 저처럼 아둔하고 꽉 막히고, 융통성 없는 사람도 정말 공부할 수 있을까요?" 하고 물었다. 그러자 정약용은 "공부는 너 같은 사람이 해야 한다. 빨리 잘 외우는 아이는 제 머리를 믿고 대충하고, 이해가 빠른 아이는 끝까지 파고들지 않고 넘겨짚는 버릇이 있다. 이렇게 되면 큰 공부는 못 하고 만다. 너는 둔하다고 했지만 너 같은 아이가 성심으로 들이파면 큰 구멍이 어느 순간 뻥 뚫리게 된다. 앞뒤가 막혔다고 했지만 막혔다가 툭 터지면 봇물이 터진 것처럼 거침없게 되겠지. 융통성이 없으면 연마하면 된다. 처음엔 울퉁불퉁해도 부지런히 연마하면 반짝반짝 빛나게 된다. 그렇게 되려면 어찌해야 할까? 부지런하고, 부지런하고, 부지런하면 된다. 어떻게 부지런히 하느냐고 묻는 게냐? 마음을 확고히 다잡으면 된다."라는 일화가 있다.

나는 지금까지 부자 친구가 없었지만 몇 년 전부터 부자들과 어울리게 되었다. 그리고 내 주변에 일반적이지 않았던 사람도 있었다. 한 사람은 회사 동기이자 친구인데 나와 전혀 다른 세상에서 살고 있다. 입사 초기에 처음 만났고 같은 직렬이 아니어서 근무지가 바뀐 후 거의 못 봤다. 그러다 2016년 말부터 모임을 만들어 한 달에 한 번씩 만났다. 이 친구는 특별한 철학은 없지만 죽을 때 자신의 흔적을 남기지 않는 게 목표다. 워낙 가난했던 어린 시절의 영향으로 하루하루를 즐겁게 사는 게 삶의 모토다. 혼자 살기에 월급의 대부분을 카페나 놀러 다니는 데 썼다. 그리고 잘 베풀어서 언제나 사람들로 꼬였다. 특히 여자들과 잘 어울려 다녔다. 여러 모임 중 남자만 있는 모임은 우리 모임밖에 없다. 평일 낮에 서울 근교를 드라이브하고 카페에서 놀 수 있는 사람은 대부분 여자들이다. 내가 비트코인을 모를 때 비트코인 채굴기에 투자했고 미국 주식이나 다단계로 소소하게 돈을 벌었다. 이 친구가 미국 주식을 살 때 자금을 3등분으로 나눠서 매수하는 방법을 알려 주었다. 다단계 투자는 밑에 사람을 모으지 않고 자기 돈으로 여러 구좌를 개설해 치고 빠지는 식이었다. 적당히 먹고 빠질 때도 있지만 욕심부리다 원금을 날린 적도 있다. 그래서 다단계 투자를 할 때는 목돈을 넣지 않고 소소하게 용돈을 버는 수준이었다. 대신 부동산 투자는 제법 잘했다. 땅을 사서 텃밭을 가꾸어 놀다가 적당한 임자가 나오면 팔았다. 아파트도 입지 좋고 전망 좋을 곳을 사서 거주하나 가격이 오르면 팔았다. 온갖 사람들을 만나고 다니니 일반 사람들이 모르는 정보를 갖고 있는 듯했다. 이 친구 덕분에 카페도 다니고 새로운 세상을 봤다. 내가 회사를 관두니 이 친구도 명퇴해서 잘 쓰고 잘 놀러 다닌다. 명퇴 후 내가 안면도로 내려와 자주 못 보지만 지금도 꾸준히 만나고 있다.

 또 한 사람은 대학교 선배로 오랫동안 지방에서 일했기에 거의 못 봤으나 서울로 올라온 뒤론 가끔 만난다. 개인적인 만남보다 주로 모임에서 함께 만나는 불교반 선배다. 그동안 지방에서 일명 권리금 장사를 했다. 빈 가게가 있으면 그에 맞는 업종으로 오픈해서 몇 년간 쉬지 않고 일한 뒤 권리금을 받고 팔았다. 가령 아귀찜이 잘 팔릴 것 같으면 잘하는 식당에 가서 돈을 주고 레시피를 배워 가게를 열었다. 치즈 등갈비로 하루 매상 1천만 원을 찍은 적도 있었으나 갑자기 주문이 끊겼다고 한다.

 그 당시 「먹거리 X파일」이라는 고발 프로그램에서 대왕카스테라를 망하게 했다. 대왕카스테라 논란은 식용유를 많이 썼기 때문인데 반론권을 보장해 주지 않아 문제가 되었다. 그때 치즈 등갈비도 영향을 받았을 거라 짐작한다. 치즈를 넣었는데 안 맛있을 수 있겠냐는 식으로 먹으면 호구 된다는 분위기로 외면하게 만든 것이다. 물론 오래돼서 내 기억이 틀릴 수 있기에 검색해 보니 가짜 치즈 논란이 방영되었다. 그리고 2012년엔 김영애 씨가 만든 참토원 황토팩에서 중금속이 검출되었다고 보도했다. 이 때문에 김영애 씨는 부도 위기에 처하며 우울증, 파경 등의 시련을 겪다 췌장암 투병 중 2017년 세상을 떠났다. 식약처 조사 결과 황토팩에 포함된 자철석은 제조 과정 중 외부에서 유입된 것이 아닌 황토 고유의 성분으로 건강에 해롭지 않은 것으로 판명되었다. 하지만 「먹거리 X파일」은 사과도 하지 않았고 이영돈 PD와 관련자들은 고의가 없다는 이유로 항소심에서 무죄를 선고받았다. 팩트로 방송했다고 하나 더 신중하게 방송했어야 했고 반론권도 보장해 주어야 했다.
 방송에서 부정적인 기사가 나오면 관련 회사는 큰 타격을 입을 것이 자명하므로 방송 전에 미리 검증을 마쳐야 한다. 책임을 면하려면 방송 당시 해당 업체의 반론권을 보장하고 식약처 조사에서 해롭지 않다는 결과까지 밝혔어야 했다. 시청률을 높이기 위한 자극적 보도는 반드시 징벌적 손해배상을 물려야 한다. 하지만 징벌적 손해배상은커녕 방송매체와 싸워 이긴 사람이 드물다. 악의적으로 김영애 씨를 망하게 하려고 한 것이 아니라 해도 이미 이와 유사한 골뱅이 통조림 포르말린 사건도 있었다. 1997년 9월, 검찰에서 중국과 태국에서 수입한 번데기 등의 식품 원료들을 포르말린으로 방부 처리 했다고 회사 대표를 기소했다. 그래서 방송에서 일제히 보도하며 국민들의 분노를 샀다. 관련 업체가 다 망한 뒤인 1998년 7월, 식약처에서 자연 상태의 번데기나 골뱅이에서 상당량의 포르말린이 검출될 수 있다는 의견을 발표했다. 수사당국의 섣부른 판단으로 통조림 제조업체 20~30개가 부도를 맞았다. 가장 큰 피해를 입은 한샘식품(주)은 국가와 신문사, 방송사를 대상으로 모두 37억 5천만 원의 손해배상 청구소송을 제기했다. 하지만 법원은 국가의 책임을 물어 3억 원을 배상하라 했으나 언론에게는 "공신력 있는 기관의 발표이기 때문에 진실이라 믿을 만한 상당한 이유가 있다."라며 면죄부를 줬다. 결과적으로 언론이 경쟁하듯 비난해 여러 회사가 망했는데 어느 누구도 책임을 지지 않았다. 최소한 해당 업체의 반론권과 포르말린이 어떻게 들어갔는지 자체 조사를 하고 방송했어야 했다. 검찰도 판결 전에 피의사실을 공표하지 않았으면 해당 업체가 피해를 보지 않았을 것이다. 피의사실 공표는 엄연한 불법임에도 아직까지 자행하고 있다.

  하루 천만 원까지 찍었던 치즈 등갈비 매상이 갑자기 줄어든 것이 아니라 하루아침에 주문 자체가 안 들어왔다고 한다. 그러니 매스컴의 영향을 받은 것은 분명하다. 선배는 당시 직원도 많았고 5층 건물을 신축 중이었기에 타격이 컸다. 결국 직원도 다 내보내고 빚더미에 올랐다. 이때 얻은 교훈으로 직원 없이 장사할 수 있는 식당으로 재기했다. 직원을 두면 잘될 때는 괜찮지만 장사가 안 되어도 해고하기가 힘들다. 최저임금도 오르고 인권이 강화되어 휴게 시간도 보장해 줘야 한다. 그러니 직원을 두면 브레이크 타임도 필요해서 24시간 영업은 더 힘들다. 서울로 올라와서는 선릉역 인근에서 소곱창을 팔았는데 코로나-19로 매상이 반토막이 났다. 그 뒤로 반의반 토막이 나서 결국 장사를 접었다. 지금은 대형 갈빗집에서 매니저로 일하고 있는데 사업할 때보다 오히려 편하다 한다. 여러 업종의 식당을 해 봤기에 경험도 풍부하고 돈 욕심도 없어 만족해하는 것이다. 한번 크게 망한 뒤론 인생의 모토가 '즐겁게 살자!'로 바뀌어 있었다. 그래서 내가 사업을 하겠다고 했을 때 "아무것도 안 하는 게 돈을 버는 거."라고 했다.

  선배는 알바로 배달 일도 했었는데 비가 오는 날이나 궂은날, 배달비가 제일 높이 책정되는 시간에 주로 일했다. 시간 대비 인건비가 제일 비쌀 때 일하고 나머지 시간은 자신을 위해 썼다. 그래서 기타를 배우거나 자신이 하고 싶은 일을 했다. 요식업을 해 봤기에 음식을 가지러 식당에 들어갈 때 그 식당이 망할지, 흥할지 바로 알아본다고 한다. 선배는 장사하는 동안은 몇 년이고 쉬지 않고 일하다 권리금을 받고 식당을 팔면 몇 달씩 여행을 다녔다. 인도에 갔을 때는 시골로 다녀 숙박비와 식비가 하루 10달러도 안 들었다고 했다. 인도의 시골은 극과 극의 체험을 할 수 있다. 두 번 다시 안 가겠다는 사람과 또 가고 싶다는 사람, 극단적인 경험을 만들어 주는 나라다. 주로 동남아를 많이 갔고 캠핑카로 동유럽을 여행하기도 했다. 인생의 굴곡이 많았지만 항상 긍정적인 태도를 보여 주었다. 김영애 씨처럼 황토팩으로 연 매출 1,500억 원을 찍진 못했지만 내 잘못이 아닌 다른 이유로 언제든 망할 수 있다. 그러니 '운칠기삼(運七技三)'이란 말이 절대 허튼 게 아니다. 진짜 운이 나빠 망한 사례도 매스컴에 나왔다. 닭갈빗집을 차렸더니 조류독감이 터지고, 돼지갈빗집을 차렸더니 구제역이 돌고, 양봉장을 하니 태풍으로 벌이 날아가 망한 사람이었다. 열심히 한다 해도 운이 지독하게 안 따라 주면 망하는 경우도 있다. 이런 경우는 노력한다고 되는 게 아니다. 이럴 땐 성공할 때까지 버티는 수밖에 없다. 하지만 대다수는 그 전에 망하거나 역량이 부족해서 망한다.

나는 돈을 벌고 싶어 경매를 시작했고 천호식품 김영식 회장님의 『10m만 더 뛰어봐』라는 책을 읽게 되었다. 사업에 실패했다 재기하는 과정을 쓴 책이라 감명 깊게 읽었다. 그 뒤로 네이버 뚝심카페에 가입해 김영식 회장님을 뵈었다. 당시 어린이대공원에서 강의할 때 참석했다. 보험회사에서 간부들을 위해 마련한 강의였는데 뚝심카페 회원도 참석할 수 있게 배려해 주었다. 그때 강의가 끝나고 김영식 회장님이 뚝심카페 회원들에게 인사를 했다. 그리고 "시간이 약간 남으니 괜찮으면 점심을 사 주겠다."라고 했다. 이미 점심시간이 다 되었기에 다들 그러자고 할 줄 알았다. 그런데 8명 정도 모였던 뚝심 회원 중에 아무도 나서는 사람이 없었다. 그래서 내가 먼저 나서서 밥을 사 달라고 했다. 인근 식당으로 갔는데 다들 한 마디도 못 하고 회장님의 얘기만 기다렸다. 그래서 나 혼자 10여 분 넘게 이것저것 물어보다 다른 사람들을 위해 말을 아꼈다. 내가 질문을 안 하니 그제야 궁금한 것을 물었다. 나는 당시 김영식 회장님이 옆집 아저씨같이 느껴졌다. 돈을 많이 번 카리스마 있는 사업가가 아니라 그냥 동네에서 볼 수 있는 평범한 아저씨였다. 택시 운전을 했던 적이 있다 해서 사업 아이템을 물어보니 그런 얘기를 할 만한 경우는 없었다 한다. 지금 생각해 보면 내가 하는 일 외에 다른 일을 생각할 겨를이 없었던 것이다. 설사 내가 잘 아는 일이라 해도 그것을 다른 사람에게 전수해 주는 것은 또 다른 문제다. 가령 특정 부동산을 사서 부자가 되었다 해서 다른 사람이 똑같은 부동산을 산다고 부자가 되는 것은 아니다. 좋은 주식을 사서 수익을 올렸다고 해서 그걸 똑같이 따라 한다고 똑같은 수익을 올리는 게 아니다. 그 상황, 그 시기에 잘 맞았기에 성공한 것이다.

김영식 회장님이 뚝심 회원들에게 권한 것은 '일기를 쓰라'는 것이었다. 하지만 일기를 쓰는 것에는 그리 관심이 없었다. 나는 다음 카페인 '지신'이라는 모임에도 참석했다. 2009년 『바닥부터 시작하는 왕초보 부동산 경매』 책을 출간하고 나서 제대로 공부하고자 여기저기 알아볼 때였다. 그래서 경매 고수들의 도움을 받아 보려고 모임에 참석했다. 하지만 그냥 술이나 먹고 자기 자랑이나 하는 모임이었다. 여기서 『부동산 경매 비법』의 저자인 김경만 대표를 만났다. 당시 '멘토랜드'라는 주식회사를 차려 경매를 활발히 할 때였다. 난 술을 못 마시는 데다 직장인이라 다음 날 출근해야 해서 항상 뒤풀이 자리는 빠졌다. 사실, 고급 정보는 늦은 술자리 이후 술기운이 퍼졌을 때 나오는 것이다. 그래서 김경만 대표는 나에게 끝까지 남으라 했다. 하지만 내 입장에서는 고급 정보를 얻는다 해도 종잣돈도 없어 별 도움이 안 된다 생각했다. 그리고 고급 정보라 해도 어느 지역이 뜬다더라 하는 지극히 개인적인 데이터였다. 한국토지주택공사(LH) 직원들처럼 내부정보를 빼돌려 투자하지 않는 한 확실한 것은 없다. 나는 긴 술자리 대신 김경만 대표를 따로 찾아갔다. 자주 찾아간 것은 아니고 1년에 한두 번 찾아갔다. 그때 '북인사이드'라는 출판사도 겸했는데 나에게 일기를 쓰라 해서 고민했다. 김영식 회장님뿐 아니라 김경만 대표도 일기를 쓰라 하기에 한 명만 더 권하면 쓸까 하는 생각도 했다. 그 당시 미루었다면 그 한 명을 지금까지 만나지 못했으니 영영 쓰지 못할 뻔했다.

결과적으로 나보다 성공한 사람들이 '일기 쓰기'를 권했기에 2010년 7월 30일부터 지금까지 일기를 쓰고 있다. 지신에서 경매 강의도 듣고 공부도 열심히 했지만 입찰할 때는 항상 불안했다. 그래서 입찰할 때면 여러 사람에게 자문을 구하기도 했다. 하지만 어느 정도 확신이 생기고 나서는 혼자 권리분석을 하고 인터넷 검색을 통해 한 번 더 확인했다. 많은 사람들이 경매 공부를 해도 입찰로 이어지지 않는 건 당연한 결과다. 푼돈이 아닌 목돈이 들어가는 데다 한 번만 잘못해도 입찰 보증금을 떼이거나 큰 손실을 볼 수 있다. 나는 경매 대금이나 입찰보증금을 거의 대출받은 돈으로 해결했다. 초기엔 금액이 적어 문제가 없었지만 점점 더 금액이 커지니 대출금도 늘었다. 그래서 낙찰받은 물건을 팔아야 했는데 쉽지 않았다. 서울의 아파트나 빌라는 그나마 팔기 수월하지만 지방의 토지는 쉽게 팔리지 않았다. 부동산은 매수가 중요한 게 아니라 '매도가 중요한 것이다!' 입지가 좋은 곳이 중요하고 남들이 선호하는 부동산이 중요하다. 그래야 매수하고자 하는 사람이 많아 팔기가 쉽다. 또한 아주 저렴한 가격에 샀다면 팔 때도 수월하다. 그러니 "가격이 싸면 사라!"라는 말도 일리가 있다. 팔 때 이문을 많이 남기는 게 아니라 살 때 싸게 사야 팔 때 이문이 남는다. 난 틈틈이 소설도 집필했는데 꾸준히 작업하진 못했다. 경매도 좀 알게 되고 사람을 계속 만나다 보니 전직을 결심했다. 경매는 물론 퇴직 후에도 사람들을 상대하는 데 도움이 될 것 같았다.

기술직으로 근무하다 2012년 10월, 사무직으로 전직하니 전기공사기사 1급 자격증 수당이 없어졌다. 그래서 자격증 수당을 받기 위해 컴퓨터활용능력 시험을 준비했다. 그 와중에 아버지의 위암을 발견했다. 그래서 수술을 앞두고 CT 촬영을 했는데 신장암도 나왔다. 암이 너무 많이 퍼져 수술을 해도 혈액으로 번질 수 있어 수술을 못했다. 나는 당시 경황이 없어 오랫동안 혈액암으로 잘못 알았다. 종류가 다른 두 가지 암이라 수술 대신 항암치료를 하게 되어 2013년 봄부터 아버지를 모시고 병원에 다녔다. 호평동에서 아침 7시에 집을 나서 아버지를 모시고 건대병원에 가면 제일 먼저 혈액검사를 했다. 2시간 뒤 결과가 나오면 진료를 받고 주사실에서 항암 주사를 맞았다. 항암 주사는 수액주사처럼 맞았는데 한 방울씩 떨어졌기에 최소 4시간 이상 맞았다. 결국 아버지를 댁에 모셔다드리고 집에 돌아오면 저녁이라 하루가 그냥 깨졌다. 일주일에 한 번씩 병원에 모시고 다니다 어느 순간 알약으로 대처했다. 그 당시 알약이 나온 지 얼마 안 되었다는데 효과가 동일해 한시름 놓았다. 병원에 다니는 횟수가 일주일에서 점차 줄어들어 2주에 한 번에서 나중엔 한 달에 한 번만 가도 되었다. 휴가를 모두 병원 다니는 데 썼기에 정말 힘들었다.

 2018년 10월, 아버지가 돌아가실 때까지 중간중간 병이 악화되어 입원한 적도 있었다. 그때는 도로 항암 주사를 맞았지만 어느 정도 회복되었을 때는 알약으로 대체해 그나마 숨통이 트였다. 주사는 일주일에 한 번씩 맞아야 했지만 알약은 악화되지 않으면 한 달 치를 받을 수 있었다. 암 발견 초기에 수술을 하지 못해 건강이 악화되었을 때는 양평 명달리에 있는 황토 흙집에 아버지를 모셨다. 암환자들이 많이 요양하는 곳으로 한 달 입실료가 월 160만 원, 환자식 100만 원, 보호자식은 50만 원이 추가되었다. 식사는 암환자들을 위한 뷔페식이었는데 미리 먹어 보고 찾아간 곳이다. 초기엔 잘 걷지도 못하다가 건강이 많이 좋아지니 집에 가고 싶다 하셔서 6개월 만에 나왔다.

삶을 살다 보면 돈이 꼭 필요할 때가 있다. 나와 작은형 그리고 누나 이렇게 셋이 아버지 병원비와 황토 흙집 비용을 나눠서 냈다. 만일 나 혼자서 비용을 지불했다면 상당히 버거웠을 것이다. 돈이 많이 드는 곳이라 황토 흙집에 들어온 사람들은 하나같이 고급 외제 차를 타고 다녔다. 나만 1995년 생산된 국산 세피아 레오를 타고 다녔다. 다들 여유가 있어서 닭고기와 오리고기만 나오는 뷔페식이 마음에 안 들었는지 차를 타고 나가 소고기나 다른 고기를 사 드셨다. 아버지가 제일 연장자라고 아버지도 가끔 모시고 갔다. 난 사실 고기가 암에 안 좋다 생각했기에 그리 달갑지 않았다. 하지만 그분들은 오히려 환자가 더 잘 먹어야 한다고 생각했다. 어쨌든 그리 돈 많고 잘 먹어도 우리가 나오기 전에 돌아가신 분도 있다. 몸이 건강한 사람이 암에 걸리면 암세포가 더 빨리 퍼진다. 젊어서 그런 것인지 고기를 즐겨 먹어서 그런 것인지 모르지만 생에 애착을 가진 분이었다.

 돌이켜 보면 나에겐 2013년이 내 생에 최악의 해였다. 기술직에서 사무직으로 전직하며 출근 시간만 1시간 30분으로 늘었다. 게다가 일을 새로 배워야 했고 5만 원 상당의 수당을 받기 위해 자격증 공부도 했다. 아내마저 도로 주행 연습을 도와 달라 하고… 매달 컴퓨터활용능력 시험에 도전해 결국 8월에 합격했다. 항상 주관식에서 한두 문제 차이로 떨어졌는데 그날은 내가 아는 문제가 많이 나왔다. 이 무렵 한참 공부하던 경매는 포기했고 소설 집필도 거의 손을 놓았다. 그 당시 『날천순악』이라는 장편소설을 시리즈로 계획했다. 하지만 창작 열기가 한번 식으니 글이 잘 안 써졌다. 2014년 가을부터 숨을 돌리긴 했지만 그동안 삶이 많이 피폐해졌다. 근 6년 동안 아버지를 병원에 모시고 다니느라 내 일에 집중하지 못했다. 돈을 모으려면 가족 누구도 아프지 않고 허튼 곳에 나가는 돈이 없어야 한다. 내가 여유가 있어야 아들도 돕고 손자도 도울 수 있다. 가난도 결국은 대물림이고 부도 대물림인 것이다.

  2014년 8월경 2년 정도 못 봤던 김경만 대표를 다시 찾아갔다. 김 대표는 2012년 말에 잠실에 있는 경매 물건을 31억 7천여 만 원에 낙찰받았다. 아래층은 가게, 위층은 주택인 근린생활 건물인데 리모델링비로 4억 원을 들여 고시원을 운영 중이었다. 그 당시 한 달 이자만 4천만 원이라 엄청 힘들었다고 한다. 2013년엔 나만 힘든 게 아니었다. 그 뒤로 가끔씩 찾아뵈었고 2017년 6월경, 인천에 피렌체하우스라는 35세대 공동주택을 분양할 때 벤츠로 바꾸라고 권유받았다. 난 사실 그 당시에 벤츠를 살 여유가 없었다. 더군다나 차에는 관심이 없어 그 돈이면 경매를 하면 했지 차를 사지 않았을 것이다. 하지만 김 대표는 『지금 당장 롤렉스 시계를 사라』라는 책을 추천해 주었다. 책의 저자 '사토 도미오'는 "돈 자체는 교환권일 뿐이다. 돈이 있기 때문에 행복해지는 것이 아니라 돈을 사용하여 원하는 것을 손에 넣었기 때문에 행복해지는 것이다. 따라서 중요한 것은 '돈에 의해 손에 들어오는 것이나 돈에 의해 가능해지는 것을 욕망의 잣대로 삼아야 한다.'"라고 말했다. 책을 읽어 보니 행복은 '하고 싶은 일을 하고 있거나 원하는 것을 손에 넣었을 때 느끼는 만족감'이라 한다. 따라서 이 책은 돈을 버는 방법이 아닌 '돈을 사용하는 방법'에 관한 내용이었다. 저자는 쓰면 쓸수록 돈은 평생 따라온다고 한다. 그런데 이 책을 읽지 않은 회사 동기이자 친구도 똑같은 말을 했다. 그 친구는 하루에도 카페를 몇 군데나 다니며 밥값을 잘 쏘는데, "돈을 쓴 만큼 돈이 들어온다."라고 했다. 그래서 그런지 회사를 그만둔 뒤로 돈을 더 많이 쓰고 있다. 출근하지 않는 시간만큼 더 많은 사람들을 만나기 때문이다.

나는 당시 20년 된 세피아 레오를 폐차하고 경매로 낙찰받은 쏘나타를 타고 있었다. 10년 된 차량이지만 주행거리가 15만 km에 근접해 400만 원에 낙찰받았다. 하지만 수리비 등을 포함하면 500만 원이 넘었다. 딱 5년만 타려고 했는데 2년도 채 안 되어 벤츠로 바꿨다. 그 당시 친구들의 반응은 우려와 응원으로 극명히 나뉘었다. 사실 경제적 문제로 걱정하는 친구가 더 많았다. 하지만 그것은 본인의 형편을 기준으로 생각한 것이다. 평범한 직장인들은 다 그렇게 생각하는 게 맞다. 나조차 그렇게 생각했기에 벤츠는 언감생심 꿈도 못 꿨다. 현실적인 사람이라면 당연히 중고차를 권할 것이다. 『자동차와 거짓말』이라는 책의 저자 오종훈 씨는 "돈이 없어도 차를 살 수 있다는 광고에 현혹되지 말라."라고 했다. 자동차 할부는 차와 금융상품 두 개의 상품을 사는 셈이라 그만큼의 가격을 지불해야 한다. 차를 탈 수 있어도 차를 사는 것은 아니다. 수중에 현금 1,000만 원이 있다고 할 경우, 이 책의 출판 당시인 2,470만 원짜리 2014년형 쏘나타를 사는 것과 2007년형 중고 쏘나타를 구입할 경우를 비교해 보면 확실히 알 수 있다. 새 차를 할부로 24개월 동안 매달 70~80만 원을 부담하면 2년 뒤 찻값(감가상각 24%)으로 1,970만 원이 남는다. 하지만 중고차를 구입하면 매달 70만 원을 저금할 수 있다. 또한 2년 뒤 찻값(감가상각 24%) 760만 원과 현금 1,700만 원으로 총 2,400만 원이 남는다. 이후에 새 차를 사든지 다시 중고를 타든지 그건 선택의 문제다. 벤츠의 경우 2013년형 C220 CDIAV을 36개월 할부로 구입 시 51,900,000원에서 66,039,320원으로 1,413만 원가량 높아진다. 저자는 카드 사용 한도를 한 번만 높여 일시불로 구입하는 게 가장 경제적이라 한다.

 자동차 분야의 전문 기자인 오종훈 씨의 말은 제법 합리적이다. 하지만 『지금 당장 롤렉스 시계를 사라』의 저자인 사토 도미오 씨는 "원하는 차가 있으면 연봉의 3배를 주고라도 사라."라고 한다. 그런데 현실은 합리적이지 않은 사토 도미오 씨의 재산이 비교조차 할 수 없을 만큼 훨씬 더 많다. 그는 월급쟁이로 시작해 무리하게 롤렉스 시계를 샀고 한 걸음 더 나아가 연봉의 3배나 되는 자동차를 샀다. 그 욕망을 충족하기 위해 열심히 일하며 해결책을 찾았고, 그 결과 성공한 부자가 되었다. 사토 도미오 씨는 "욕망이 있고 꿈이 있으면 그에 걸맞은 사람이 되어 결국 돈을 손에 넣게 된다. 이는 부자가 되고 싶은 사람이 알아야 할 가장 중요한 비밀."이라 주장했다. 그래서 그런지 우리 주변엔 합리적인 사람이 더 많고 부자보다 가난한 사람이 더 많다. 나중에야 알게 되었지만 김 대표는 아무한테나 벤츠를 권하지 않았다. 빨리 망하게 할 사람이거나 잘될 사람에게만 권한 거였다. 나는 그중 후자였다고 한다. 그 당시 벤츠는 지금처럼 대주주가 중국인으로 넘어가지 않았기에 꽤 괜찮은 차였다. 현금 없이 벤츠를 사면 당장 보험료가 늘고 할부금이 붙는다. 그리고 유지비도 국산 차보다 2배 정도 든다. A/S 기간이 끝나면 확실히 실감하게 될 것이다. 2024년에 경고등이 떠도 무시했더니 요소수 관련 부품을 몽땅 교체하느라 거의 600만 원 정도 썼다. 하루 만에 해결이 안 되어 차량 수리비 외 용인에서 이틀이나 지냈다. 마침 미국 주식으로 2천만 원가량 수익을 올렸을 때라 타격이 덜했다. "나와 비슷하거나 나보다 못한 사람들의 의견을 들으면 안 된다. 그들의 말을 듣는 순간 변하는 건 아무것도 없다. 오히려 실패할 확률이 높다. 뭐든지 해당 분야의 전문가에게 의견을 구하고 결정은 스스로 내려야 한다."

나는 2017년 6월에 계약한 벤츠를 11월에 인계받아 타고 다녔지만 이후에도 달라진 것은 없었다. 매달 적금할 돈이 벤츠 할부금으로 옮겨 갔을 뿐이다. 그리고 오히려 돈을 더 까먹었다. 그런데 어느 순간 마음의 여유가 생겼다. 항상 부족한 마음에 근검절약하고 살 때보다 대출이 늘었음에도 마음은 더 편해졌다. 아버지가 빚지지 말라고 귀가 닳도록 말했기에 빚을 지면 큰일 나는 줄 알았다. 아버지 시대에는 이자가 비싸서 더 그럴 수 있다. 하지만 지금은 빚을 이용하지 않으면 사업을 하기 힘들다. 나 또한 경매를 시작하며 어쩔 수 없이 많은 빚이 생겼고 그 빚이 지금은 친구가 되었다.

  나는 결혼하고 나서 카페에 가지 않았다. 그 돈이면 밥을 먹는 데 쓰는 게 더 경제적이라 생각했다. 아내도 그런 생각이었기에 아이를 낳고 나서는 거의 간 적이 없었다. 그런데 2016년 말부터 친구들과 카페에 다니고 놀다 보니 내가 아등바등 살고 있던 게 보였다. 그래서 2018년 여름 이후 아내와 함께 카페도 다니고 놀러 다녔다. 이렇게 돈을 쓰지 않았으면 평생 일만 하다 죽었을 것이다. 그동안 잘 살기 위해 일하는 것보다 일을 하기 위해 사는 사람처럼 주객이 전도된 것이다. 한 살이라도 젊었을 때 돈을 모으는 것도 중요하지만 내 삶을 풍요롭게 하는 것도 중요하다.

  경매로 큰돈은 못 벌었지만 10년간의 경험을 토대로 2019년 5월엔 『월급쟁이, 부동산 경매로 벤츠 타다』를 출간했다. 아직 고수는 아니지만 이제 손해 보지 않는 정도는 되었다고 생각해 집필하게 되었다. 그리고 소중한 재산을 지키기 위해서라도 경매를 배워야 한다는 것을 알리고 싶었다. 일명 깡통 전세나 전세사기에 휘말리지 않기 위해서라도 부동산 관련 법 정도는 알아야 한다.

  경매 물건에 대해 좀 더 깊게 들어가며 김 대표에게 자주 조언을 구했다. 지분이나 법정 지상권 등 특수 물건을 다루게 되며 궁금한 게 많아졌다. 특수 물건 때문에 교통방해죄로 형사 고발도 하고 형사 고발도 당하며 민사 소송도 30건 넘게 했다. 소송 금액 자체가 적어 변호사를 쓰면 남는 게 별로 없었다. 해서 직접 전자소송으로 해결하다 보니 실수도 많이 하고 많이 배웠다. 이 책을 출간할 때만 해도 갭투자를 하지 말라고 했다. 부동산 하락기에는 본인은 물론 피해자를 양산할 수 있기 때문이다. 하지만 지금은 경매나 갭투자도 결국 부동산 매매의 일부로 보고 있다. 부동산 시장을 제대로 읽을 줄 알면 어떠한 방식으로 매수를 해도 별문제가 없다. 근저당에 근저당을 설정하는 질권 투자도 부동산 하락기엔 큰 손실을 입을 수 있다. 질권 투자는 대출해 주고 근저당권설정 밑에 부기등기로 '근저당권부채권 질권설정'을 하고 연 10~15%의 이자를 받을 수 있다. 경매가 진행되면 법원에서 배당을 받을 수 있지만 지금처럼 부동산이 폭락하면 대출 원금을 회수하지 못할 수 있다. 이제 부동산 시장은 높은 이자와 다주택자의 징벌적 세금으로 거의 끝물이라 본다. 우리나라도 선진국처럼 인건비가 너무 올라 신축은 엄두도 못 내고 구축을 직접 수리하는 시대가 도래했다.

내가 마음의 여유가 생긴 2018년엔 김 대표는 후배와 공동투자로 용인에 연립 4동을 건축했다. 하지만 후배가 관리소장으로 일하며 공사비를 아낀다고 업자를 모두 교체했다. 하지만 공사비만 올린 채 자신의 건물 2동만 공사를 끝냈다. 공사비가 현저히 늘고 문제가 생길 때까지 동업자에게 알리지 않은 건 뭔가 구린 것이라 여겼다. 그 당시 나는 후배를 의심했고 김 대표는 믿지 않았다. 후배가 도망가 내부 공사가 중단된 연립 2동을 김 대표 혼자 청소하며 업자들을 불러 공사를 마무리했다. 그 당시 김 대표는 콘크리트 바닥에 매트를 깔아 둔 채 먹고 자며 준공을 마쳤다. 하지만 공사비 증액으로 인해 분양가가 높아져 분양은 하나도 못 했다. 주변 시세와 신축 빌라 간 가격차가 크다 보니 부동산중개업소에서 아예 쳐다보지도 않았다. 하지만 하늘은 스스로 돕는 자를 돕는다고 LH 신혼부부 전세 대출 지원금으로 전세를 놓을 수 있었다. 그 뒤로 집값이 오르며 전세금이 분양가보다 높아졌다. 지금은 용인 반도체 산단 배후 신도시로 지정되어 보상을 눈앞에 두고 있다. 후배와는 차후에 소송을 통해 그 전말이 밝혀졌지만 오히려 패소했다. 동업을 부정하고 모든 현금과 통장을 후배가 관리했기에 서류를 유리하게 조작했다. 그러니 경험이 별로 없는 로스쿨 출신 변호사가 거짓말에 대응하지 못하고 말렸다. 결국 패소하여 상대방 변호사 비용을 물어 주었다. 여기서 끝났으면 후배의 완벽한 승리였다. 한번 끝난 재판은 다시 할 수 없기 때문이다. 하지만 후배가 욕심을 부려 추가적으로 공사 대금 소송을 2개로 나눠서 제기했다. 결국 공사 당시 계약서를 찾아냈고 다른 변호사를 선임해 재판에서 이겼다. 후배는 친구였던 업자에게 계약서와 다르게 돈을 더 보냈다. 다른 재판도 일부러 골탕 먹이려고 분리한 것이라 이길 수밖에 없다. 김 대표는 민사 재판이 끝나는 대로 "소송사기로 고소하겠다."라고 했다.

2020년 말부터 김경만 대표와 매주 강남에 있는 사무실에 놀러 다녔다. 김 대표를 통해 알게 된 조 이사와 조 이사 후배들이 차린 사무실이었다. 조 이사는 법정지상권과 NPL(부실채권) 전문가인데 컨설팅에 대부업까지 겸했다. 그러다 보니 자연스럽게 대부업을 알게 되었다. 대부업은 금융권 이외의 사채이므로 대출 이자가 연 20%다. 투자 목적으로 사무실에 다닌 건 아니지만 매주 점심 먹으러 다니다 보니 자연스럽게 질권 투자에 대해 알게 되었다. 돈을 빌려주면 담보로 근저당에 질권을 설정하고 이자로 연 10~15% 정도 받는다. 질권은 근저당의 근저당이라 경매가 진행돼도 법원에서 배당을 받는다. 아파트같이 안전한 물건일수록 이자가 낮고 토지 같은 경우는 이자가 더 높다. 자본이 없는 대부업자는 결국 5~10% 정도 이자 수익을 내는 것이다. 부동산을 잘 알면 질권만큼 안전한 게 없지만 지금처럼 부동산이 폭락하면 담보가치가 떨어져 배당을 제대로 못 받는다. 대부 회사에서 부족한 채권을 책임진다 해도 대부 회사가 망하면 받을 방법이 없다. 대출 이자를 20%씩 받아도 담보가치 하락으로 망하는 대부업체가 생각보다 많다. 또한 고금리 장기화로 인해 조달 비용은 늘고 돈을 빌려 간 차주들 연체율이 높아져 마진이 거의 없다 한다. 가끔 금융권에서 받아 주지 않는 물건도 담보로 가져오기에 분석을 잘못하면 한순간에 망한다. 실제로 대부업만 전문으로 노리는 사기꾼까지 있다. 그래서 2024년 4월 말 기준, 1년간 폐업한 대부업만 300곳이 넘는다. 많은 사람들은 경매처럼 대부업도 안 좋은 시선으로 바라본다. 하지만 대부업도 급전이 필요한 사람들에겐 사막의 오아시스 같은 존재다. 건설 후 준공검사에 필요한 자금이나 당장 부도를 막기 위한 경우도 많다. 반대로 부동산이 폭락할 때는 담보가치 하락으로 투자를 하는 입장에서 더 위험할 수 있다.

따라서 투자는 신중해야 하지만 빌리는 쪽이나 투자하는 쪽이나 서로 이해관계가 맞아떨어진 것이다.

3년간 사무실을 다니며 경매로 나온 1천억대 토지주도 만났고 부도 직전의 사장님도 만났다. 심지어 개발하지 못하는 땅을 담보로 개발 자금 대출을 받으려는 사람도 있었다. 각양각색의 사례를 듣다 보니 시야가 넓어진 만큼 그릇이 커진 것은 사실이다. 김 대표는 강남 사무실을 다니며 "뒤에 0이 하나 더 늘었다."라고 했다. 1천억대 부자도 우리와 별반 다르지 않았다. 결과적으로 김 대표와 나는 경매나 부동산으로 돈을 버는 시대는 끝났다고 판단했다. 경매 시장에 좋은 물건은 잘 나오지도 않고, 좋을 물건을 낙찰받아도 해결하는 데 2~3년 정도 걸린다. 그러니 많이 해 봐야 앞으로 4건 정도밖에 할 수 없다. 그 와중에 내가 회사를 명퇴했고 안면도에 NPL(부실채권) 물건이 나와 공투(공동 투자)를 했다. 2023년 5월 8일부터 김 대표와 같이 안면도로 내려와 빌라 6동 48세대를 관리하고 있다. 정상화하는 데 2년 정도 예상했고, 예상과 달리 고전을 면치 못하고 있지만 애초부터 부동산보다 영화 사업에 더 관심이 많았다.

김 대표는 오랫동안 부동산 경매 영화를 만들고 싶어 했는데 성애 장면이 들어간 청불 영화를 원했다. 경매 자체가 청소년들이 볼만한 영화가 아니기에 40대 이상 성인 시장을 노린 것이다. 첫 작품을 준비하던 중 성관계 후 '무고로 고소한 준강간 사건'을 알게 되어 김 대표가 시나리오를 급히 만들었다. 그런데 감독과 조감독이 전주국제

영화제에 출품한다고 시나리오를 수정해 '청소년 관람가'로 만들었다. 성애 장면 없이 키스신만 넣어 당혹스러웠지만 나름 잘 만들어 기대를 하고 있다. 2024년 9월에 「킬링 미 소프틀리」란 작품으로 촬영했고 올해 전주국제영화제에 출품하며 제목을 「캐치 어 피그」로 바꾸었다. '돼지'는 보이스피싱 범죄자들이 피해자를 지칭하는 은어이며 '돼지 잡기'는 피해자를 도축한다는, 즉 작업한다는 뜻이다. 전주국제영화제는 개봉작을 받지 않아 아직 개봉을 못 했다. 올해부터는 대한민국 최초의 경매 시리즈인 「경매의 신」 시즌 1을 기획해 12편을 만들기로 했다. 2월부터 1편 '예쁜 고졸여자'를 촬영해 나도 네 신 정도 출연했다. 매달 한 편씩 만들 예정인데 반응이 좋으면 더 빨리 만들 수도 있다. 원래 부동산 경매 영화는 김 대표의 꿈이고 나는 돈이 될 것 같아 여기에 편승했다. 우리나라 성인영화가 너무 후져서 스토리가 있는 영화를 만들겠다는 것인데 하루 3억 원의 시장이 형성되어 있다고 한다. 그런데 요즘은 성인영화 시장이 많이 위축되어 8개 회사밖에 안 남았다.

김경만 대표가 부동산을 정리하면 100억대 부자가 되고 나는 10억 정도 된다. 그런데 집도 팔고 안면도로 내려와 2년째 생활비만 까먹고 있다. 월급이 없어 경매로 받은 부동산을 하나씩 정리해 생활비로 충당하고 있다. 지금 당장 힘든 시간이 지나면 좋아질 것이라 믿는다. 낙찰받은 빌라도 어느 정도 안정되어 2024년 9월부터 원작과 벗어난 무고죄 소설 『돼지』를 집필했다. 앞서 오래전 집필했지만 출판사를 못 찾아 유튜브에 올린 SF 판타지 소설인 『날천순악』도 있다. 그래서 이번엔 출판사를 찾지 않고 자비로 2025년 1월에 『돼지』를 출간했다. 소설을 출간한 김에 『날천순악』도 다시 손을 봐서 2월에 출간했다.

앞서 언급했듯 나는 아직 성공하지 못했지만 부자들을 만나다 보니 몇 가지 공통점이 있다. 자신의 일에 집중하느라 다른 사람에게 전혀 관심이 없다. 특히 불필요한 모임이나 남의 일에 참견하여 시간을 낭비하지 않는다. 그리고 이해득실을 따지지 않고 자기가 하고자 하는 일을 한다. 즉 금전적 손실보다 자존심을 지키거나 하고 싶은 일을 위해 돈을 쓴다. 또한 멀리 볼 줄 알고 그릇이 크다. 현실에 만족하지 않고 꿈을 꾸며 계속 새로운 것을 추구한다. 부자라고 꼭 꿈이 있는 것은 아니다. 그저 부모에게 배운 습관만으로 부자인 경우도 있는데, 이런 사람들이 꿈을 가지면 정말 무섭게 성장한다. 자수성가 부자들 중에 2대째 크게 성공한 기업들이 많은 이유다. 아버지의 경험과 자본을 바탕으로 자녀가 더 높이 성장할 수 있기 때문이다. 마지막으로 부정적인 사람이 없다.

난 2023년 가을에 초등학교 동창과 완전히 절교했다. 사실 그전 같았으면 안 보고 말았다. 그런데 단 1초도 쓰기 아까워 결국 절교를 택했다. 그 이유가 너무 부정적이었기 때문이다. 만날 때마다 몇 년 전 이혼한 부인 욕만 해 대고 과거에 자신이 잘나갔던 얘기만 늘어놓았다. 나는 친구와 같이 친구 부인을 만난 적이 있는데 면전에서

'이혼한다'는 말을 자주 했다. 그래서 내가 말이 씨가 되니 그런 말은 하지 말라고 했다. 하지만 내 말은 무시하고 김 대표와 영화를 찍는다 하니 망한다고 지랄 염병을 떨었다. "내가 동업해 봐서 아는데… 아는 사람이 사기 친다."라고 했다. 사업이 꼭 성공한다는 보장은 없지만 이미 같이 일하고 있는데 응원은 못할망정 저주를 퍼부을 이유는 없다. 그것까지도 참았는데 매사에 자기 경험으로 나를 재단했다. 옛날엔 나보다 돈을 많이 벌었을지 몰라도 나와 다시 만났을 땐 거의 망해서 돈은 내가 더 많이 썼다. 미래는 없고 과거에만 묶여 사는 친구에게 더 이상 에너지를 뺏기기 싫어 안 보기로 했다. 이렇게 불필요한 만남으로 시간을 낭비하지 않고 내 일에 집중하는 게 맞다. 근묵자흑(近墨者黑)이란 말이 있다. 사람은 주변 환경에 따라 변화한다는 뜻인데 "내가 자주 만나는 3명의 평균이 나."라고 한다. 가장 많이 만나는 친구들이 가난하면 나도 가난한 것이고, 친구들이 부자면 나도 부자라는 말이다. 여기엔 꼭 물질적인 것만 해당하는 것이 아니고 자존감 등 정신적인 면도 크다고 본다. 그릇이 커야 담을 것이 많듯이 그릇이 큰 사람들과 어울려야 배울 것이 많다. 미국의 50억 달러(한화 7조 원) 부자인 '댄 페냐'는 당신의 친구들을 보여 주면 당신의 미래를 보여 주겠다며 "원숭이와 어울려 다니면 당신 인생은 망할 서커스가 된다." "당신의 자녀가 당신의 절친 두 명처럼 되길 바라냐?" 그게 싫다면 "당신이 닮고 싶은 사람을 찾아 그 사람이 한 것을 따라 하라."라고 한다.

비상계엄

  2023년 1월 7일, '케렌시아'라는 신생 법인으로 안면도에 있는 빌라 6동 48채를 낙찰받았다. 케렌시아는 3명이 공동 투자한 주식회사로 김경만 형님을 대표로 추대했다. 낙찰가는 52억 1백만 원이며 잔금은 한참 늦은 5월 8일 납부했다. 경매는 잔금 납부와 동시에 소유권을 취득하므로 당일 안면도로 내려왔다. 위장 임차인을 거르기 위해 명도와 함께 배당배제 소송을 했다. 김 대표는 그 과정을 모두 촬영해 유튜브 '백만장자 Life' 채널에 올렸다. 10억이 있다고 자랑하는 영상이 아니라 '10억으로 투자할 수 있는 일들'을 기록한다는 뜻이다. 2013년 12월부터 시작했으나 본인의 일상을 알리는 브이로그 영상이다 보니 10년이 넘어서야 구독자 1만 명을 넘겼다. 보통 사람 같았으면 진작 그만두었으나 꾸준히 영상을 올리고 있다. 김 대표와 나의 목표가 같다 보니 일하는 데 문제는 없었다. 하지만 정치적 성향은 완전히 갈렸다. 강남 사무실에 놀러 다닐 때 그쪽 사람들은 확실히 윤석열을 많이 지지했다. 부동산 때문에 대부분 국힘당을 지지했다. 특히 고 박원순 서울시장이 재개발을 막아 엄청 싫어하는 사람도 있었다. 게다가 문재인 정부 때 김현미 국토부장관의 뻘짓은 정말 대단했다. 2017년 5월부터 김현미 국토부장관이 내놓은 부동산 대책 법안은 2020년 6월 17일까지 총 21번이었다. 어떠한 철학도 없이 부동산이 들썩일 때마다 법안을 내놓아 과히 누더기라 불릴 만했다. 큰 틀을 만들고 점진적으로 개선했으면 이렇게 자주 공표할 필요가 없다. 하지만 7월경 22번째 부동산 대책으로 세제 개편을 하며 언론의 집중포화에 지난 6.17 대책이 4번째 부동산 정책이라고 반박하면서 "언론들이 온갖 정책들을 다 붙여서 22번째라고 한 것"이라 주장했다.

법이란 항상 예측 가능해야 하고 갑자기 바뀌어 선의의 피해를 보는 사람이 없어야 한다. 철학이 없으니 중요한 정책을 그때그때 주먹구구식으로 생각나는 대로 마구 발표한 것 같다. 내 작은 소견으로는 아무리 나쁜 법이라도 어떠한 특혜 없이 누구나 공평하다면 그 나름대로 나쁘지 않다고 본다. 그런 법이 생긴 이유는 그 시대적 배경이므로 다시 고치기 전까지 나름 유효하다 생각했다. 공무원들이 욕을 먹어도 복지부동하는 이유는 법을 위반하면 처벌받기 때문이다. 아무리 좋은 뜻으로 일을 해도 법을 안 지키면 문제가 될 수 있다. 100만 명이 넘는 공무원들이 법과 상관없이 자기 마음대로 일하면 어떤 일이 벌어질지 상상만 해도 끔찍하다. 소크라테스가 "악법도 법"이라며 독배를 든 것은 실정법을 존중했기 때문이다. 악법도 법이라는 말은 고대 로마의 법률 격언인 "법은 엄하지만 그래도 법"이라는 말에서 나온 것이다. '악법도 법'이라는 말은 일본의 법철학자 오다카 도모오가 출판한 『법철학』에서 실정법주의를 주장하며 소크라테스가 한 말로 와전되었다. 소크라테스의 실제 유언은 "어이, 크리톤, 아스클레피오스에게 내가 닭 한 마리 빚졌네. 기억해 두었다가 갚아 주게."였다. 초, 중, 고교 교과서에는 2004년 11월 7일에 수정되었다. 사람은 법에 맞춰 적응하기 마련인데 예고도 없이 갑자기 법을 바꾸어 많은 혼란을 초래했다. 최소한 매매할 수 있는 길은 터 주고 보유세를 강화했어야 했다. 하지만 다주택자 옥죄기에 징벌적 규제는 많은 폐해를 낳았다. 결국 김현미 국토부장관은 23번째 법안까지 만들고 물러났다. 김 장관은 집값 폭등의 원인으로 부동산 임대법인을 지목하여 징벌적 규제를 가했다. 특히 임대사업 법인의 취득세를 12%로 올린 것은 신규 임대사업을 하지 말라는 얘기나 다름없다.

집값은 상승만 하는 게 아니라 언제든 하락할 수 있다. 그런데 부동산이 급하게 상승했다고 정부가 임대사업 시장에 난입해 칼춤을 춘 것이다. 또한 보유세도 높여 임대사업자 등록을 못 한 사람들을 임대 시장에서 다 쫓아냈다. 수익이 나야 부동산 임대사업을 할 것이 아닌가? 경매로 1억짜리 빌라를 사서 취득세와 지방세 1,300만 원을 내고 각종 비용을 더하면 1억 2천만 원을 투자하게 된다. 그런데 전세를 1억 2천만 원 받을 수 없으니 보증금 2,000만 원에 1억 원에 해당하는 월세를 받아야 한다. 당시, 전월세전환율 5%로 환산

하면 월세는 월 416,666원으로 연 500만 원이다. 그러니 아무것도 안 한 국가가 3년 치 월세를 세금으로 먼저 빼앗아 가는 것이다. 그 당시는 대출 이자가 지금보다 낮았지만 매입은 아예 엄두도 못 냈다. 2022년 초부터 기준금리 인상으로 대출 이자가 많이 올라 임대업으로는 더 이상 수익을 내기 어렵게 되었다. 졸지에 임대사업자를 투기꾼으로 몰아 적지 않은 사람들이 피해를 봤다. 물론 진짜 투기꾼도 있었겠지만 법안을 만들 때 주먹구구로 만들어 혼란을 야기한 자들은 책임이 없을까? 부동산 정책 실패로 정권이 넘어가는데 김 장관이 한몫했다. 김현미 전 장관은 2024년 3월, 미리 보고받은 주택 가격 변동률이 높으면 마음에 드는 수치가 나올 때까지 한국부동산원 임직원을 압박했다는 의혹으로 재판에 넘겨졌다. 취임 후 2021년 8월까지 이러한 방법으로 125차례에 걸쳐 서울과 인천, 경기 지역 매매·전세 가격 변동률을 조작한 혐의다. 하지만 2025년 1월 말 이후의 소식은 없다. 또한 2025년 1월엔 '이정근 취업청탁 의혹'으로 불구속 기소되었다. 국토부의 권한을 이용해 정치권 인사들을 민간기업 임원으로 취업시키도록 외압을 행사한 혐의다. 이런 일련의 혐의는 결과가 나와 봐야 알겠지만 국토부장관 시절 부동산 정책은 역대 최악이라 본다.

김경만 대표는 부동산 정책 외에도 민주당을 아주 싫어했다. 그 이유는 자신의 노동운동과 관련 있다. 김 대표는 1985년 광주공고를 졸업 후 대림자동차에 취업했다. 오토바이 생산 라인에서 일할 때 다들 점심을 먹고 나면 바닥에 누워 낮잠을 잤다. 그런데 본인은 바닥에 눕기 싫어 부품을 포장해 왔던 신문을 읽었다. 그때 훌륭한 사람이 되려면 일기를 10년 이상 써라, 또는 일기를 10년 이상 쓰면 훌륭한 사람이 된다는 구절을 봤다. 그래서 일기를 쓰다 보니 글 실력이 늘어 전태일 문학상도 받고 홍보부장이 되었다. 마산·창원지역 노동조합 총연합회 홍보분과 부국장도 하고 신문도 만들어 「국가보안법」 위반으로 수배가 되었다. 그때 모함도 받고 수배 생활을 하다 잡혀 감옥도 다녀왔다. 결국 회사에서 잘리는 바람에 병역특례 6개월을 남기고 군대에 가야 했다.

그 당시 조합 간부들이 조합비로 룸살롱도 다니고 이율배반적 행동을 해서 민주노총을 싫어했다. 또한 본인이 선동을 많이 해 봤기에 <u>스스로 '민주당에게 선동당하지 않는다'고 믿는다. 하지만 역설적으로 이러한 자신감 때문에 더 선동당하기 쉬운 것이다.</u> "도를 도라 말하면 그건 이미 도가 아니다."라는 말이 있다. 이미 선동당하지 않겠다는 생각이 더 쉽게 선동을 당하게 만드는 것이다. 앞서 '백곰 실험'에서의 '사고억제의 역설적 효과'가 그 예이다. 민주노총과 민주당은 엄연히 다른데 민주당을 싫어해서 난 그걸 트라우마라 보았다. 가령 5.18 민주화 운동이 아직도 북한군이 저지른 일이라 믿고 있다. 사회주의에 물든 민주노총에서 거짓 선전 선동을 한 것이라고…. 본인도 어렸을 때 광주에 있었지만 군인들을 죽인 사람들이 일반인이 아니라 믿었다. 사실 그 당시 많은 사람들이 그렇게 믿었다. 지금도 나이 많은 사람들은 빨갱이 짓이라 믿는 사람이 많다.

은폐된 진실은 전두환이 군사반란을 일으켜 항의하던 시민들을 죽인 것인데 모든 언론매체에서 '광주폭동'으로 보도했으니 쉽게 바뀌지 않을 것이다. 북한의 김일성이 죽었을 때 북한의 주민들이 눈물을 흘렸듯 똑같이 세뇌된 것이다. 김일성 사망 시 무서울 정도로 모든 북한 주민들이 애도를 표했다. 그래서 섬뜩한 느낌마저 들었는데 지금껏 자신들이 배운 것을 부정하기 힘들 것이다. 오죽하면 자유한국당 의원들이 2019년 2월 8일 국회에서 연 '5.18 진상규명 공청회'에 지만원을 불러 5.18 민주화 운동을 "광주 폭동"이라 부르고 유가족을 "종북 좌파가 만든 괴물 집단"이라고 칭했다. 공동주최자였던 김진태 의원은 참석을 안 했지만 이종명 의원 외 김성찬, 이완영, 백승주 의원도 참석했다. 모욕죄는 친고죄(범죄 피해자가 고소·고발해야 처벌할 수 있는 범죄)와 반의사불벌죄에 해당하는 만큼 '특정된' 피해자를 필요 요건으로 한다. 따라서 집합적 명칭을 사용해 명예를 훼손하는 이른바 '집단 표시에 의한 명예훼손'은 그 구성원의 수가 많으면 개별 구성원에 대한 비난의 정도가 희석돼 성립되지 않는다는 것이 대법원 판례의 법리다. 그렇기에 피해자 집단에 대한 모욕죄·명예훼손죄가 성립하기 위해선 피해 집단이 명확히 특정돼야 하고, 특정된 피해 집단의 구성원 수가 어느 정도 제한돼야 한다. 지만원 씨 역시 2008년 5.18 광주 민주화 운동을 비하해 명예훼손 혐의로 기소되었지만 당초 1심에서는 무죄를 선고받았다. 특정인을 지칭하지 않았고, 5.18 관련 단체의 구성원이 많은 점 등을 고려할 때 집단 표시에 의한 명예훼손으로 보기 어렵다는 이유에서다. 이에 고무

된 지만원은 계속 빨갱이 타령을 하며 5.18 민주화운동 당시 사진 속 시민들을 '광주에서 활동한 북한 특수군'을 줄여 '광수'라고 부르며 비방했다. 이에 사진 속 시민이 명예훼손으로 고소해 2023년 12월 2일, 징역 2년 형이 확정되었다. 지만원 씨는 처벌받았다 하더라도 지만원 씨의 계속된 거짓말에 속은 사람들은 아직도 광주 민주화운동이 빨갱이 짓이라 믿고 있다. 나의 동업자인 케렌시아 김 대표가 그 대표적인 예이다.

월간조선 기자로 근무했던 이동욱 5.18민주화운동 진상규명조사위원회 위원은 2022년 2월 21일 광주 서구 5.18기념재단 세미나실에서 '유령을 키우는 사람들'을 주제로 집담회를 열어 "5.18 가해자들이 핑계로 내세운 '북한 특수군'이라는 유령이 20여 년 전부터 우리 사회를 배회하고 있다."라며 '북한 특수군 투입설'을 반복하는 지 씨를 분석한 내용을 발표했다. 이 위원은 지 씨가 1990년대 신군부도 외면했던 '북한군 침투설'을 2000년대 들어 김대중 전 대통령 비판의 근거로 다시 활용했다며 "육군사관학교 출신인 지 씨는 '시스템사회운동본부'라는 단체를 이끌며 1997년 대통령선거를 앞두고 여당의 북풍공작(북한의 돌발행동을 정치에 이용하는 일)을 비판하는 등 김대중 후보 편에 있었다. 김대중 대통령이 당선되자 몇 차례 지원을 요청했으나 거부당하고, 2002년쯤 노선을 바꿨다."라고 설명했다. 실제 지 씨는 2002년 8월 16일 자 동아일보에 김대중 대통령 비판 광고를 실어 "광주 사태는 소수 좌익과 북한에서 파견한 특수부대원들이 순수한 군중들을 선동하여 일으킨 폭동이었다."라고 주장했다. 또한 이 위원은 "북한 특수군이라는 유령은 2002년 지만원의 복수심으로 태어난 뒤 2015년 5월 5일 '광수'라는 이름으로 거듭났다. 광수라는 유령은 지만원 개인이 키운 게 아니라 5.18 당시 진압 작전 지휘자와 상층부, 5공화국 지배층 등이 자신들의 과오를 덮기 위해 함께 만들었다."라고 했다.

2012년 12월 14일, 미국의 샌디 훅 초등학교에 총기 난사 사건이 있었다. 범인은 20살의 'Adam Lanza'이며 당일 자신의 어머니를 살해했다. 그 뒤 어머니가 자원봉사자로 근무했던 샌디 훅 초등학교를 찾아갔다. 5~7살만 있는 유치원에 자동소총을 난사해 교사 1명과 20명의 아이들을 죽였다. 총소리를 듣고 달려온 교장도 죽이고 다른 아이들도 죽이려 했다. 그 과정에서 아이들을 지키려던 교직원 5명을 죽였다. 교직원들은 아이들을 대피시키기 위해 맨몸으로 싸우다 사망했다. 이후 신고를 받고 출동한 경찰이 학교로 진입하기 직전에 Adam Lanza는 스스로 목숨을 끊었다. 이후 샌디 훅 초등학교는 문을 닫고 건물은 철거되었으나 2016년 다시 새 건물을 짓고 재개교했다. 그런데 '알렉스 존스'라는 사람은 '인포워스'라는 사이트를 만들어 "이건 모두 정부의 자작극이다."라고 주장했다. 거짓말은 점점 눈덩이처럼 불어났지만 음모론을 믿는 사람은 더 늘었다. 음모론을 믿은 사람들은 아이들을 잃은 부모들을 찾아가 생명을 위협하고 연기하지 말라고 폭언을 했다. 참다못한 유가족들이 소송을 했지만 알렉스 존스는 오히려 의문을 제기했다. 사람들의 이목이 집중되자 알렉스 존스는 2012년부터 2022년까지 10년간 건강 보충제나 밀키트 등을 팔아 5억 달러(한화 6,700억 원)의 매출을 올렸다. 더 놀라운 건 제품당 최소 1,000%의 마진을 붙여 팔았다. 결국 미국인 4명 중 1명이 샌디 훅 사건이 연출되었을 가능성이 있거나 확실히 연출되었다고 믿고 있다는 여론조사 결과마저 나왔다.

　알렉스 존스의 추종자들은 소송을 건 부모들을 찾아가 괴롭히고 아이들의 추모비에 오물을 뿌렸다. 시간이 지나도 유가족들을 향한 테러는 그치지 않았다. 유가족들은 집단 민사소송을 하게 되었고 알렉스는 유가족에게 사과했다. 하지만 재판에서는 태도를 바꿔 오히려 유가족을 비난했다. 종교나 언론의 자유를 억압하는 법률을 제정할 수 없다며 "나의 방송을 탄압하려는 유가족들은 선을 넘은 것이다."라고 비난했다. 알렉스는 증거를 제출하라는 판사의 명령을 무시하고 재판에 참석조차 안 했다. 결국 피고가 참석하지 않는 궐석재판이 열렸는데, 궐석재판에는 사형이나 무기징역 같은 중형은 내릴 수 없다고 한다. 결국 알렉스는 재판에서 패소했고 손해배상금을 책정할 때 재판에 참석했다. 그는 재판장에서 계속 피해자인 척 연기하며 사람들의 후원이 들어오도록 유도했다. 배심원단은 알렉스에게 420만 달러(한화 56억 원)와 2,050만 달러(한화 276억 원)를 배상하라 판결했다. 또한 명예훼손과 비방, 손해배상 등으로 원고 로비 파커에게 6,000만 달러(한화 810억 원), 데이빗 휠러와 프랜신 휠러에게는 5,500만 달러(한화 742억 원) 등 총 9억 6,500만 달러(한화 1조 3,027억 원)를 배상하라고 결정했다. 이에 더해 바라라 벨리스 판사는 징벌적 손해배상금으로 4억 7,300만 달러(한화 6,385억 원)를 부과했다. 하지만 알렉스는 회삿돈은 바닥났고 두 번의 항소가 남아 몇 년이 걸릴 거라고 조롱했다. 또한 이것은 완전히 절대적으로 날조된 것이라 주장했다.

  테러로 희생당한 유가족들을 10년 동안 모욕하고 괴롭혔는데도 불구하고 형사처벌을 받지 않는 것은 미국이나 대한민국이나 똑같다. 어쨌든 우리나라도 미국처럼 언론의 징벌적 손해배상은 반드시 필요하다. 그렇지 않으면 가짜 뉴스로 벌어들인 돈이 배상금보다 많기에 절대 근절되지 않을 것이다. 앞서 지만원 씨 같은 경우도 알렉스 존스처럼 돈 때문에 '북한군 개입설'을 주장한 거라 본다. 보수 단체의 돈도 받고 자신의 이름도 알릴 수 있으니 유가족 따위는 안중에도 없었을 것이다. 하지만 알렉스 존스나 지만원의 말에 선동당해 유가족을 욕하고 심지어 테러까지 한 사람들은 자신의 잘못을 알기나 할까? 아마도 그 정도로 깊은 생각은 못 할 것이다.
  전두환은 자신의 회고록에서 광주 진압 작전은 이틀 전인 25일 알았다고 했지만 미 국무부 비밀 문건 전문에는 전두환이 책임자로 나와 있다. "전두환 장군이 교착 상태를 끝내기 위해 광주 진압에 강한 압박을 느끼고 있다. 그래서 합참의장이 주한미군사령관에게 5월 27일 0시 광주계엄군 투입을 알렸다." 미 국무부 전문에는 1980년

6월 4일 주한상공회의소 만찬에서 전두환이 북한군 개입설을 처음 언급했으며 신군부가 5.18의 진실을 왜곡하기 위해서 안기부와 국방부를 중심으로 유포했다. 그러나 사실로 확인된 것은 한 차례도 없었다. 미 국무부 비밀 문건에도 "5.18은 공산주의가 배후에 있지 않다. 이것은 확실한 사실이다."라고 되어 있다. 이 문건은 비밀 해제가 되며 열람이 가능해졌고 헬기 사격 증거도 나왔다. 국내 자료는 대부분 사라지거나 왜곡되었기에 전두환 재판 당시 사법적인 책임을 정당하게 지우지 못했다.(SBS, "북한군 투입설 배후는 전두환이었다.", 2018. 5. 15., 참조)

2019년 2월에는 국군보안사령부가 펴낸 『호랑이일지』(1979. 3. 5.~1980. 8. 21.)와 국가안전기획부가 펴낸 『양지일기』(1980. 4. 14.~1980. 7. 18.)가 공개되었다. 이 책은 두 정보기관의 장을 겸임하던 전두환 전 대통령에게 헌정된 책자다. 두 자료에는 광주민주화운동 당시 중앙정보부와 보안사가 총력을 기울여 출장 공작과 선무 활동을 펼쳤다는 정황이 드러나 있지만, 북한 특수군 관련 언급은 단 한 줄도 나오지 않는다.

2025년 1월, 더불어민주당 이재명 당대표는 내란 관련 가짜 뉴스에 대한 소고에서 자신도 가짜 뉴스에 속은 적이 있다며 다음과 같이 말했다. "수년간 2차 가해에 가담했다. 그 이유는 단순하다. 북한군과 연계한 폭도로 알고 있었다. 무고한 경찰을 살해하고, 군인을 살해하고, 경찰서를 습격해서 총기를 탈취하고, 무법천지를 만들고,

폭도들로 알려져 있지 않았나! 저는 그 뉴스를, 사람들의 말을 믿었다. 그래서 대학을 가서 그 진실을 알게 되기까지 그 오랜 시간 동안 그 억울한 사람들을 제 입으로 비난하면서 욕하면서 2차 가해를 했다. 그 진실을 깨달으면서 인생 항로를 바꿨다. 가짜 뉴스라 하는 게 얼마나 큰 해악을 끼치는지 5.18 광주 민주화 운동이 수년간 은폐되고 피해자들이 엄청난 고통을 겪었던 경험에서 알 수 있다. 민주공화국은 주권자들이 정확한 정보를 가지고 정확한 판단을 할 때 제대로 선다…." 2017년 12월 「어쩌다 어른」이라는 방송에 출연했을 때는 "대학에서 5.18의 억울한 희생자라는 유인물을 3번 정도 보고 나서 사실일지 모르겠는데… 나중에 반복되니 알게 되었다. 아, 내가 속았었구나. 주어진 정보에 따라서 전혀 다른 사람이 될 수 있겠구나! 그걸 알았다. 헛된 정보, 언론에 속아 가지고 내 입으로 그들을 폭도라고 비난하고 이런 얘기를 하고 있었던 나 자신이 너무 한심했다. 또 그 대상자들한테 미안하기도 했다. 80년대 소위 격변기이기도 하지만 내 삶을 통째로 바꾸기로 마음먹게 된 결정적 계기는 광주 민주화 운동에 대한 잘못된 정보였다. 주인의 삶은 두 가지가 있다. 내 인생의 주인이 되는 것, 또는 민주주의 국가에서 내가 이 나라의 주인이 되는 것이다. 그때 당시 얻은 결론은 사람들은 자유로운 삶을 갈구하게 되고 누군가 과도한 자유를 누리게 되면 누군가는 억압받는다. 내가 자유롭기 위해서 내가 주인으로 내 인생을 내 뜻대로 설계하고 살기 위해서 나만 잘 살아서 되는 게 아니다. 모두가 자유로운 공간을 만들어 내야 되겠다. 사회 각 구성원들한테도 희망을 주고 그 자원과 기회가 제대로 쓰인다면 제대로 효율을 발휘해서 쓰이게 되니까 사회 전체적으로도 발전하게 된다. 그런 정상적인 사회를 만드는 게 제 꿈이 되어서 완전히 다른 삶을 살고 있다."라고 했다.

한국경제 신문 주필이자 대표적인 보수 논객 정규재 씨는 5.18 관련해서 묻자 이런 독설을 했다. "이 멍청이 같은 인간들 같으니라고 5.18 북한군 개입 소리, 그것도 한심한 소리입니다. 정말 한심한 소리입니다. 만일에 5.18 광주에 광수들이 600명이 들어온 사실이 인정이 되면, 만일 사실로서 확인이 되면 대한민국에 그 당시에 군대에서 별 달고 있었던 전두환, 허화평, 허삼수 모든 군인들 다 총살시켜야 돼요. 대한민국 안보를 지키겠다는 걸 유일하게 그거 내걸고 정권을 장악한 인간들이 북한에서 광주까지 와 가지고 그 난리를 쳤는데 단 한 명도 못 잡고 다 돌려보냈다. 그 군바리들을 용서할 수 있어요? 이 멍청이 같은 인간들 같으니라고… 그렇습니다. 그런 문제가 있다고요. 이 바보들 같은 허화평이니 뭐니 예, 그 바보들 아닙니까? 북한에서 600명이나 광수들이 내려와서 광주에서 무고한 시민들을 죽이고 하는데 그걸 그래, 한 놈도 못 잡고 다 놓쳤다고요? 그 바보 아니에요! 그런 놈들이 무슨 신군부야! 멍청한 인간들. 만들어 낼 얘기를 만들어 내야지. 자, 바보들하고는 정말 얘기하기 어려워요." 하지만 그 당시 거짓 뉴스를 본 많은 국민들은 아직도 전두환을 믿고 폭동이라 생각한다. 그래서 한강 작가가 『소년이 온다』로 노벨 문학상을 받을 때 '김규나'라는 작가가 역사 왜곡 정당화라고 뻘소리를 했다. 윤석열이 친위쿠데타를 일으키며 "종북과 반국가 세력을 척결하고 자유대한민국을 수호하겠다."라고 한 말을 믿는 국민들이 많다. 하지만 헌재(헌법재판소)에서 재판 중에 종북이나 반국가 세력은 한 명도 나오지 않았다.

　김경만 대표는 20대 대통령 선거에서 이재명을 찍을 수 없다고 윤석열을 찍었다. 나는 이재명을 찍었지만 사실 누가 되어도 큰 상관이 없었다. '윤석열이 되면 나라가 망할 테니 경매 물건이 쏟아지겠다! 이재명이 당선되면 나라는 잘되겠지만 부동산은 끝나겠다!' 생각했다. 더불어민주당이 표를 얻기 위해 부동산에 징벌적 세금을 물릴 거라 예상했다. 소수의 부동산 부자보다는 다수의 부동산 빈자들을 위한 정책을 쓸 것이라 생각한 것이다. 오죽하면 강남 사람들이 금투세를 이재명이 만든 법이라 알고 있을 정도다. 금투세(금융투자소득세)는 2019년 자유한국당 추경호가 발의했다. 주식·채권·펀드·파생상품 등 금융투자와 관련해 발생한 소득에 대해 과세할 예정이었던 세제이다. 결국 2024년 12월 10일 국회에서 금융투자소득세 폐지를 위한 소득세법 일부개정법률안이 통과되어 폐지되었다. 나는 이재명이 천하의 나쁜 놈이라 생각하지 않는다. 그냥 합리적인 사람이라 생각했다. 하지만 김 대표는 보수 유튜브 영상만 보고 천하의 악당이라 생각했다. 이재명을 찍을 수 없으니 윤석열을 택한다고…. 형수욕설 사건, 조폭연루설, 김부선 스캔들, 대장동 의혹, 성남FC, 공직선거법 위반, 위증교사, 대북송금, 김혜경 법인카드 등 수많은 비리 덩어리라고…. 심지어 지역 상품권도 비자금을 조성하기 위해 만든 거라 했다. 난 이재명이 그 많은 죄를 저질렀다고 생각하지 않는다.

내가 처음 이재명이라는 이름을 알게 된 것은 성남시장 당시 모라토리엄을 선언할 때였다. 성남시장이 재정위기로 '지불유예'를 선언했다는 기사가 이슈였다. 난 당시 전임 시장이 많이 해 처먹어서 재정위기가 온 것으로 알았다. 어쨌든 재정위기의 가장 큰 원인은 판교특별회계 예산에 있었다. 판교특별회계로 잡힌 예산은 5,400억 원, 그리고 2010년 성남의 공식 부채 현황은 90억 원, 비공식 부채는 무려 7,285억 원이다. 난 당시 친구의 권유로 팟캐스트 방송인 '나꼼수(나는 꼼수다)'를 듣게 되었다. 친구는 들어 보고 놀라도 3번 정도는 들어 보라 했다. 당시 진행자였던 김어준 씨는 음모론자로 낙인 찍혔으나 들어 보니 전혀 이상하지 않았다. 정확히 언제부터 들었는지 기억하진 못하지만 이명박 대통령 재임 기간이라 다스 의혹을 계속 주장할 때였다. 그리고 내가 방송을 듣고 나서 얼마 안 되어 정봉주 의원이 구속되었다. 다스가 이명박 것이라는 허위사실을 유포했다고 실형을 받은 것이다. 그때도 나는 다스가 이명박 것이 아니라고는 생각하지 않았다. 권력에 의해 찍어 누른 거라 생각했다. 내가 계속 방송을 듣게 된 것은 김어준의 생각이 나와 비슷해서 방송을 들은 것이지, 김어준을 추종해서 들었던 것은 아니다. 김어준 씨는 당시 다스의 문제점을 알기 쉽게 정리해 주었다. 그 어떤 방송도 다스가 왜 문제인지 제대로 설명해 주는 곳이 없었다. 너무 오래되어 자세히 기억하지 못하나 대략 요약하면 이렇다. 이명박이 지인들과 돈을 모아 회사를 차렸다. 인터넷 금융서비스업인데 법적으로 이게 허가가 안 나는 거였다. 그래서 제대로 사업도 하지 못하고 망했다. 일반 사람은 망하면 손실로 끝내는데 돈의 화신 이명박은 주가조작을 통해 원금은 물론 더 많은 돈을 회수했다. 돈을 세탁하려고 회사를 여러 개 만들어 흐름을 제대로 아는 언론이 없었다. 듣고 보니 충분히 가능한 얘기였다.

 이명박의 형인 이상득이 5선 국회의원인 데다 검찰이 제대로 수사도 안 했다. 이명박이 스스로 다스를 설립했다 했지만 나경원 의원은 주어가 빠졌다고 주장했다. "다스는 누구 겁니까?" 김어준의 줄기찬 노력 끝에 이명박 대통령은 퇴임 이후 다스 주가조작으로 실형을 받았다.
 김어준의 인기는 나날이 늘어 한겨레 TV에서 「파파이스」란 제목으로 방송했다. 그 뒤로 서울교통방송인 TBS에서 「뉴스공장」 공장장으로 활약했다. 이때 오세훈의 생태탕 사건도 보도했다. 당시 오세훈은 서울시장 후보로 검증을 받을 때였다. 모든 언론에서는 오세훈이 생태탕을 '먹었네, 안 먹었네'로 기사를 썼다. 하지만 생태탕이 왜 중요한지 아무도 알려 주지 않았다. 단지 생태탕만 먹은 걸로 얘기하면 뇌물이라 해도 별것 아니란 생각이 들 수밖에 없다. 하지만 중요한 이유는 가족 비리 사건과 연관되었기 때문이다. 내곡동 땅 측량에 오세훈이 참석했는지 안 했는지는 나왔다. 하지만 그 뒷면의 얘기를 하는 언론은 없었다. 오세훈이 34대 서울시장으로 재직하던 2009년, 오 시장의 가족과 처가가 소유한 그린벨트 내 4,443㎡(약 1,344평)의 땅이 대거 포함된 내곡동을 보금자리주택지구로 지정했다. 게다가 주변 토지보다 20~30% 보상비를 더 높게 책정했다. 더불어민주당은 투기를 넘어 '셀프 보상'이라 비판했다. 이에 오세훈은 국장 전결 사항이라 보고받은 바 없고 처가의 땅이 있는 것도 몰랐다고 해명했다. 하지만 보상을 위한 측량 당시, 오세훈과 오세훈의 장인이 직접 둘러보고 생태탕을 먹은 것이다. 즉 오세훈이 거짓말을 했다는 얘기다. 하지만 여론은 진실 공방으로 이어지며 오세훈의 손을 들어주었다.

민주당은 허위사실 공표(공직선거법 위반 혐의)로 오세훈을 고발했으나 검찰은 불기소처분 했다. 그 덕에 오세훈은 38대 서울시장에 당선될 수 있었다. 하지만 결과적으로 검찰은 측량 현장에 있던 사람들이 구체적이고 일관되게 진술하고 있어 실제로 갔을 가능성이 높다고 보았다. 즉 수사를 제대로 안 했다는 얘기다. 만일, 민주당 국회의원이었으면 서울시장 후보 박탈은 물론 셀프 보상에 따른 배임 혐의로 입건되었을 것이다. 하지만 김 대표는 자세한 속사정도 모른 채 '생태탕 먹은 게 뭐가 잘못이냐?'는 식으로 유튜브에 영상을 올렸다. 게다가 김어준의 방송이 99% 가짜라 믿고 있다. 그러니 확인은커녕 김어준의 방송은 쳐다보지도 않는다.

나는 누구나 실수할 수 있기 때문에 1% 정도는 본의 아니게 오보를 낼 수 있다고 본다. 오세훈은 서울시장에 당선되고 나서 서울교통방송인 TBS에서 김어준을 해고하게 만든 것도 모자라 TBS 자체를 없애려 했다. 공영방송인 태생적 한계 때문에 광고 등 영업을 할 수 없어 절대적으로 서울시의 지원을 받아야 한다. 하지만 자금줄을 끊어 폐업의 위기로 내몰았다. 편파방송이라는 이유로 지원을 끊고 방송통신위원회 의결 사안이라고 정관도 바꾸지도 못하게 했다.

내가 김어준의 방송을 안 들었으면 편파방송으로 알았을 것이다. 당시 조선일보 등 언론에서 김어준의 방송을 문제 삼으며 거짓 뉴스를 많이 보도했다. 가령 김어준이 A라 얘기하며 설명했는데 신문에선 B라 얘기했다고 트집 잡는 식이었다. 결국 TBS는 2024년 9월 11일 민영화가 되었으나 서울시 지원은커녕 상업광고 등 외부자금을 받을 수 없게 되었다. 김어준은 이미 일주일에 한 번씩 '김어준의 다스뵈이다'라는 유튜브 방송을 하고 있었다. 따라서 압박을 받을 때 스스로 물러나 '김어준의 겸손은 힘들다 뉴스공장'이란 유튜브 방송을 했다. 그를 응원하는 사람들이 방송 사흘 만에 슈퍼챗 1억 5천만 원을 쏘기도 했다. 결국 TBS 직원들만 직장을 잃었는데 이는 오세훈이 자신을 건들면 이렇게 된다는 것을 본보기로 보여 준 것이다. 결과적으로 지상파나 공중파나 진보 방송인이 서기는 힘들어졌다. 나는 김어준이 TBS에서 물러나고 방송을 거의 안 보게 되었다. 회사를 퇴사한 데다 들어도 바뀌는 게 없기 때문에 답답했다. "명분은 그럴싸해도 세상은 그저 힘의 논리로 움직인다."

김어준이 이명박 때문에 방송에서 쫓겨난 얘기를 한 적이 있다. 한 방송에 패널로 출연했는데 진행자가 이명박 대통령을 어떻게 생각하는지 물었다고 한다. 그런데 여기서 "나는 이명박이 싫다."라고 답했다는 것이다. 그 뒤로 그 프로그램 자체가 없어진 것은 물론 어디에서도 자신을 안 불렀다 했다. 그래서 어쩔 수 없이 '나는 꼼수다'라는 팟캐스트 방송을 하게 된 것이다. 김어준의 한 방송에 이재명이 출연한 적이 있다. 성남시장이었는지 경기도지사일 때인지 정확히 기억하지 못한다. 다만 그가 성남시장 재직 시절 있었던 얘기를 했던 것 같다. 그리고 기소에 관련된 자신의 변명도 했다. 나중에 다른 곳에서 들었는지 정확하진 않다. 얘기를 들어 보니 음주 운전은 정말 잘못했지만 그 상황은 충분히 이해가 되었다. 변명이 사실이라면 오히려 함정에 빠진 것일 수도 있다. 또한 다른 사건도 충분히 공감이 갔다. 일반인이나 한나라당 의원이었으면 기소조차 안 될 사건 같았다. 노무현이 인권 변호사라면 이재명은 노동자를 위한 노동 변호사였다. 그러니 재벌과 언론 편에 선 사람들 입장에서는 못마땅할 수밖에 없다.

나는 이재명의 팬은 아니지만 '형수욕설' 녹음을 듣는 순간 이재명이 당했다고 생각했다. 지인으로부터 욕설 녹음 파일을 받았는데 이재명은 완전히 화가 난 상태였고 형수라는 사람은 일부러 살살 긁고 있었다. 그래서 이재명이 당했다 생각했다. 어쨌든 욕설을 한 건 잘못인데 나중에 알고 보니 형이 그 말을 어머니한테 했다고 형수한테 따진 거였다. 그걸 교묘하게 편집해 광범위하게 뿌려서 이재명을 공격한 것이다. 그 당시 이재명의 형인 이재선과 형수인 박인복은 새누리당에서 활동할 때였다. 일부 사람들은 "국정원과 새누리당이 이재선을 이용해 이재명 퇴출작전을 벌이고 있었다. 그래서 새누리당 진수희 의원이 공모하여 언론과 SNS상에 대대적으로 뿌렸다."라고 주장했다. 녹음 파일을 들었을 때가 경기도지사 선거 때인가 싶기도 하다.

김부선 사건은 또 어떤가? 김부선의 말이 계속 바뀌었는데 언론이 사건을 더 띄웠다. 정치 시사 프로그램에서 논란을 총정리한 내용이 있다.

1. 이재명 신체 특정 부위에 콩알만 한 크기의 점이 있다.
  이런 논란이 계속되자 이재명은 2018년 10월 16일, 아주대학교 병원에서 피부과 전문의와 성형외과 전문의 중앙지 대표 1명, 지방지 대표 1명 등이 참여한 가운데 검사를 받았다. 점이 없음을 확인했는데 '참여한 인원이 모두 한통속'이라고 믿지 않는 사람도 있다. 문제는 김부선이 공지영과 통화하며 주장한 내용이 유출된 것이라 책임을 물을 수가 없었다. 치밀히 계산된 공작이 아닌가 싶다.

2. 2007년 12월 12일경, 이재명과 인천 쪽 바닷가에서 낙지를 먹었고 이재명이 농협 카드로 계산을 했다.
  검찰이 인천 영종도에 있는 '해변상회'에서 12월경 카드 사용 내역이 없다는 것을 확인했다. 해변상회 주인은 당시는 가판형식이었기에 카드 단말기가 없었다고 말했다. 하지만 "이재명은 몰라도 김부선을 알아보고 사인을 해 달라 했을 법한데 기억이 전혀 없다."라고 진술했다. 이후 김부선은 피해자 진술에서 카드로 계산했는지 현금으로 계산했는지 기억나지 않는다며 진술을 번복했다.

3. 인천 바닷가에서 이재명이 찍어 줬다는 사진.
　이 사진은 조카인 김신애가 찍어 준 거였다.

4. 인천 바닷가에서 촬영자가 이재명이라며 공개한 사진.
　사진 속 주인공은 경남도민일보의 김 모 기자로 밝혀졌다.

5. 낙지를 함께 먹은 증거로 페이스북에 게시한 '해변상회' 사진.
　김부선이 다른 사람의 사진을 도용한 것으로 사건 발생 3년 전 사진이었다.

6. 자신의 디지털카메라로 서로의 사진을 찍어 주었다.
　김부선은 디지털카메라의 행방을 알 수 없다 말하곤 자신의 지인에게 디지털카메라, 노트북의 포렌식 복구를 의뢰했으나 이재명의 사진이 한 장도 없었다.

7. 교제 기간.

김부선은 이재명과 교제 시기를 9개월, 12개월, 15개월 그때그때 다르게 주장했다. 이외 교제 장소도 바뀌고 동갑내기 정치인이라 했지만 나이도 3살 많았다. 노무현 대통령 영결식에 가고 있는데 이재명이 옥수동으로 오라 했다지만 페이스북에 글을 올린 것은 2017년 5월 22일, 영결식은 5월 29일이었다. 김부선은 이에 비가 오는 49재라 말을 바꿨으나 그날은 맑았다.

그 외 여러 가지 주장을 했으나 모두 거짓임이 밝혀졌다. 하지만 아직도 김 대표처럼 김부선이 이재명과 관계를 가졌다고 믿는 사람이 있다. "김부선의 말이 거짓이라면 왜 이재명이 고소를 안 하냐?"라고…. 하지만 고소하는 순간 진흙탕 싸움에 말려 끝없는 소모전만 할 것이다.

나는 지금도 이재명이 죄를 지었으면 감옥에 가는 건 어쩔 수 없다고 본다. 하지만 정치 검찰이 없는 죄를 만든 것은 '끝까지 책임을 물어야 한다'고 본다. 이재명은 2002년 전 검사 사칭 사건을 빌미로 위증교사 재판을 받고 있다. 경기도지사 토론회에서 "저는 검사를 사칭해서 전화한 일 없습니다. 피디가 한 것을 옆에 인터뷰하고 있었다는 이유로 제가 도와준 걸로 누명을 썼습니다."라는 말을 했기 때문이다. 이미 이재명은 이 말을 줄기차게 했다. 검찰은 이 일로 유죄를 선고받았으면서 무관한 것처럼 거짓말했다며 2018년에 기소를 했다. 하지만 무죄가 확정되며 끝났으나 대장동 의혹 수사과정에서 핵심 증인이 법정에서 위증했다고 해서 다시 재판에 넘겨졌다. 하지만 검찰이 전체 통화 내용 중 '일부만 짜깁기했다'는 의혹을 받고 있다. 성남 FC 사건은 처음부터 억지 기소란 논란이 많았다. 그런데 검찰은 기소를 했고 증인으로 478명을 신청했다. 검찰이 이렇게 재판을 지연시키며 죄가 있다고 계속 흘리는 식이다. 재판부에서 일부 증인을 제외하고 416명으로 정했다. 증인을 2명씩 부르면 8년 4개월, 3명씩 부르면 5년 6개월 이상 걸린다. 이런 행위가 정적을 괴롭히기 위한 정치적 기소가 아니고 뭐란 말인가? 심지어 검찰은 공소장에 용도변경 직전 국토부에서 보낸 공문을 일부러 뺐다. 이는 이재명이 국토부에서 압박을 받았다는 내용을 입증할 수 있는 매우 중요한 서류였다. 심지어 검찰이 공문서를 짜깁기하다 걸린 경우도 있었다. 성남시 공무원에 대한 참고인 조사 당시, 결재란이 있는 문서와 내용이 다른 두 공문을 하나인 것처럼 만들어 보여 줬다. 해당 직원은 그 문서를 보고 "시장이 결재한 문서에 김문기가 있다."라고 진술했다. 이 사건의 단초는 2015년 1월 호주에서 김문기와 같이 골프를 친 것 때문이었다. 당시 이재명은 호주 출장에서 골프와 낚시를 한 건 맞지만 "기억이 나지 않는다." 했다. 이재명은 "하위 직급 실무자와 특별한 관계가 없다." 했고 검찰은 '김문기를 알고 있다'는 것을 증명하기 위해 이재명의 결재란이 있는 서류를 만들었다. 진위 논쟁이 있지만 이게 사실이라면 검찰은 반드시 책임져야 한다. 이런 내용은 진보 유튜브 채널이나 편집하지 않은 국정감사 영상을 봐야 알 수 있다. 보수 유튜브 채널은 절대 이런 기사를 내보내지 않는다.

　나는 20대 대통령선거 후보자 토론회를 모두 시청했다. 내가 보고 싶어서 본 것이 아니라 아내가 같이 보자고 해서 그리되었다. 당시 토론회에서 심상정의 스탠스를 보고 정의당은 끝났다고 생각했다. 더불어민주당보다 더 강하게 윤석열을 공격해야 표를 얻을 텐데 오히려 이재명 대표를 공격했다. 어차피 대통령에 당선될 것도 아닌데 정당 지지도마저 발로 찬 것이다. 이는 결과적으로 22대 국회의원 선거에서 비례대표 없는 1석이라는 처절한 결과를 낳았다. 안철수는 철학이 없고…. 『안철수의 생각』이라는 책을 읽은 적이 있는데 내용이 없었다. 윤석열의 생각은 80년대에 머물러 있었다. 게다가 아무 말 잔치나 하고 실수를 해도 사과조차 없었다. 남들은 다 불륜이고 나만 로맨스라 주장하는 것처럼 오만방자한 태도였다. 겉과 속이 완전히 다른 이중적인 사람이라 봤기에 신뢰하지 않게 되었다. 더군다나 손바닥에 임금 왕(王) 자를 새기고 나오며 주민이 격려차 적어 준 것인데 안 지워졌다는 거짓말을 했다. 정말 지울 생각이 있었으면 지웠을 것인데 논란을 일으켜 자신을 띄우려 한 줄 알았다. 좋든 나쁘든 논란이 일면 전국적으로 알려지기 마련이다.
　이재명은 전과 4범으로 계속 공격을 받았으나 조리 있게 말하고 아는 것도 많았다. 주식이나 경제 등 토론에서 밀리지 않았다. 특히 '형수욕설' 등 인신공격을 당했음에도 침착하게 대응했다. 당연히 실력으로 보면 이재명이 우위였으나 검찰의 계속된 수사에 사람들은 그를 범죄자로 보았다. 오죽하면 이재명을 뽑아 줄 수 없어 윤석열을 뽑아 준다는 사람들이 많았을까!

　하지만 이명박은 출마 당시 전과 14범이란 오명을 쓰고도 당선되었다. 당시 이명박은 전과 14범이 아니라 했는데 실제로 전과 11범이었기에 틀린 말은 아니었다. 난 당시 이재명이 대통령이 될 줄 알았다. 하지만 심상정의 완주와 이낙연의 불복으로 패가 바뀌었다. 이낙연은 경선에서 불복해 대장동 의혹을 제기했고 뒤로는 이재명을 공격했다. 선거에 도움을 준 게 아니라 오히려 방해한 것이다. 결국 윤석열은 안철수와의 단일화로 쐐기를 박아 0.73% 차인 24만 7천 77표 차이로 승리했다. 그런데 무효 투표수는 이보다 많은 30만 7천542표로 19대 대선과 18대 대선보다 2배나 많았다. 안철수가 빠진 것을 모르고 투표했을 수 있으나 부정선거로 보자면 이게 더 수상하다.

　윤석열 대통령은 줄곧 소통을 외치며 '출근길 문답'을 약속했으나 6개월 만에 중단했다. 또한 대통령 전용 비행기에 MBC 취재 기자 탑승을 거절했다. 이는 MBC가 미국 뉴욕의 국제회의장을 방문한 윤 대통령의 비속어 논란을 최초 보도하며 "국회에서 이 새끼들이 승인 안 해 주면 바이든은 쪽팔려서 어떡하나."라는 자막을 사용한 바 있다. 정부와 여당은 "이 ××", "바이든(날리면)" 등 불확실한 정보를 성급히 보도해 국익을 훼손했다며 MBC를 거세게 압박했다. 당시 청와대와 여당은 "날리면"이라 주장했으나 난 아무리 들어도

"바이든"이 맞다. 위의 문장에 '날리면'을 넣으면 문장에 대상이 없어진다. 여론조사 결과 국민의 60%가 '바이든'으로 들린다 했다. 하지만 소송에서 MBC가 패소하며 정정보도를 하라 했는데 음성은 '감정 불가'라는 말도 안 되는 판결이 나왔다. 감정 불가한 단어로 어떻게 정정보도를 하라는 것인지 정말 코미디 같은 판결이었다. 대통령 전용 비행기는 국민의 세금으로 운영하는 것이고 기자를 태울 때는 탑승 비용을 받기 때문에 결과적으로 세금을 아끼는 것이다.

윤석열은 소통을 외쳤지만 범법자를 만나 주면 사법 조치(판결)에 영향을 준다고 야당 대표인 이재명의 만남을 거절했다. 그동안 이재명은 각종 범죄 의혹으로 기소되어 매주 2~3일씩 재판을 받고 있었다. 지난 20대 대선 때 이재명은 천하의 악당이었다. 그런데 무죄가 선고되면 국민들이 의심할 수밖에 없다. 그래서 각종 의혹을 확대 재생산하여 감옥에 넣으려 했으나 뜻대로 안 되자 아내인 김혜경 여사까지 끌어들였다. 129번의 압수수색 끝에 직접 사용한 것도 아닌 수행원이 사용한 7만 8천 원의 법인카드를 이유로 기소했다. 김혜경 여사는 자신의 밥값을 냈지만 김 여사의 지시로 결제했다는 것이다. 결국 1심에서 벌금 150만 원이 나왔는데 2심과 대법원까지 가면 변호사비가 훨씬 더 많이 들 것이다. 이는 돈의 문제가 아니라 정신적 스트레스를 유발시키려는 공작이라 본다. 6~7건의 재판을 계속 받으면 누구라도 피폐해질 것이다. 특히 가족이 휘말리면 더 힘들 것이다.

김 대표는 김혜경이 더 많은 비리를 저질렀으나 이재명이 판사를 매수하여 못 잡는 것으로 알고 있다. 난 오히려 정치 검찰이 이재명 대표를 음해하는 것으로 봤다. 노무현 전 대통령도 주변 사람들을 세무조사 하고 검찰이 집요하게 공격하여 자살하도록 만들었다고 생각한다. 전 국세청 직원이 김어준과의 인터뷰에서 노무현 전 대통령의 주변 사람들을 털라고 해서 거절했다가 좌천되었다는 얘기를 했었다. 하지만 김어준의 방송에서 나온 것이 다 거짓말이라 믿으면 들을 필요가 없는 거짓 선동 뉴스가 되는 것이다. 최근에 이재명이 한 말을 조금씩 붙여 여러 가지 의혹을 제기한 영상을 봤다. 그런데 악의적이라면 악의적인 것이 말이 나오게 된 배경이 하나도 없다. 한 예로, "옛날에 일베였어요. 일베…." 그러곤 "광주는 폭동이다."에서 끊었다. 자신이 가짜 뉴스에 속아 광주 피해자들에게 2차 가해를 했다는 말을 빼서 일베만 부각시켰다. 구독자가 거의 10만 명이나 되는데 대부분의 영상이 이재명을 공격하는 것이었다. 모두 이재명을 미워하는 사람들이라 댓글엔 온갖 부정적인 글만 달렸다. 난 이런 영상을 만드는 목적이 돈이 되거나 누군가 후원을 해 주는 것이 아닌가 하고 의심한다. 그렇지 않으면 죽기 살기로 이재명을 공격할 이유가 없다.

2024년 12월 3일 10시 28분경, 윤석열은 긴급 브리핑을 통해 전국 단위의 비상계엄을 선포했다. 누군가는 12월 3일 10시 30분에 비상계엄을 선포한 것을 한자로 조합하면 十二月, 三日 十時, 三十分으로 王(왕) 자가 연상된다는 것이다. 무속 논란이 끊이지 않으니 이런 말도 나온다. 나는 샤워하고 저녁 10시 30분쯤 잤기에 아침에야

이 사실을 알았다. 그리고 뉴스를 접했을 때는 이미 비상계엄이 끝난 뒤였다. 당시 윤 대통령이 어떠한 말을 했는지 모르지만 계엄령이 실패할 수밖에 없는 이유가 세 가지 정도 생각났다. 그래서 블로그에도 글을 남겼다.

첫째, 명분이 없다. 김건희 특검은 거부하는 등 자신은 국회를 존중하지 않으면서 국회가 자신의 말을 안 듣는다고 탓했다.

둘째, 하나회 같은 군대 내 사조직이 없어졌다. 나중에야 뉴스로 접했지만 윤 대통령은 자신의 동문인 '충암고' 출신으로 군내 주요 보직을 장악했다. 하지만 내 목숨을 걸거나 시민을 죽여야 할 만큼 절실하지 않다.

셋째, 지지율이 10%대이다. 일을 못하는 정도가 아니라 나라 망한다고 물러나야 한다는 사람들이 더 많다.

대통령 선거 당시, 이재명이 천하의 나쁜 놈이라 이런 놈을 뽑을 수 없다고 윤석열을 찍은 사람들이 많다. 정치 검찰들이 계속 기소하며 죄가 있다고 언론플레이를 했기 때문이다. 그런데 자꾸 무죄가 나오니 공문을 조작하고 증인을 수백 명씩 부르는 이상한 짓까지 했다. 국정감사나 청문회를 보면 이런 내용이 나온다. 십여 년 동안 수백 번 압수수색 당한 이재명 대표가 아직 살아 있는 건 그만큼 깨끗하다는 얘기 아닌가?

김건희는 온갖 비리를 저질러도 조사 한번 안 했다. 윤석열 본인조차 명태균의 불법 여론조사로 당선무효가 나올 수 있는 상황이었다.

'정치 검찰이 아니었다면 윤석열은 대통령이 될 수 없었다.'라는 것이 내 생각이다. 상대 후보는 범죄자로 몰고 부인의 주가조작 수사는 제대로 하지 않았기 때문이다. 앞으로 검찰의 비리나 불법 수사는 탄핵이 아니라 준엄한 심판을 받아야 대한민국이 발전할 것이다.

 나는 2024년 12월 3일 명태균이 정치자금법 위반 혐의로 구속된 것과 김건희의 특검 때문에 윤석열이 계엄을 선포한 것이라 믿었다. 김영선 전 의원 또한 2022년 창원 의창구 국회의원 보궐선거에서 당선된 뒤 공천 대가로 명태균에게 정치자금을 준 혐의로 같은 날 구속되었다. 문제는 여기서 끝난 게 아니라 김건희의 공천개입 의혹과 대선 당시 윤석열이 명태균의 여론조사로 도움을 받았다는 부정선거 논란도 있다. 2021년 국민의힘 대선 경선을 앞두고 특정 연령대의 응답자 수를 부풀리게 해서 윤석열을 당선시키려 여론을 조작한 혐의다. 2021년 9월 29일 명태균이 자신의 직원에게 "윤석열이 홍준표보다 2~3% 더 나오게 해 달라."라는 식으로 지시하는 여론조작 통화 내역이 공개되었다. 명태균이 이를 밝힐 수 있는 황금폰을 공개하겠다고 한 다음 날 계엄이 선포되었다.

 윤 대통령을 믿고 지지하는 사람들은 계엄이 대통령의 권한이라 한다. 그런데 비상계엄 선포 절차에 따르지 않으면 위법인 것이다. 「계엄법」에 따르면 "제2조(계엄의 종류와 선포 등) ① 계엄은 비상계엄과 경비계엄으로 구분한다. ② 비상계엄은 대통령이 전시·사변 또는 이에 준하는 국가비상사태 시 적과 교전(交戰) 상태에 있거나 사회질서가 극도로 교란(攪亂)되어 행정 및 사법(司法) 기능의 수행이 현저히 곤란한 경우에 군사상 필요에 따르거나 공공의 안녕질서를 유지하기 위하여 선포한다. ③ 경비계엄은 대통령이 전시·사변 또는 이에 준하는 국가비상사태 시 사회질서가 교란되어 일반 행정기관만으로는 치안을 확보할 수 없는 경우에 공공의 안녕질서를 유지하기 위하여 선포한다. ④ 대통령은 계엄의 종류, 시행지역 또는 계엄사령관을 변경할 수 있다. ⑤ 대통령이 계엄을 선포하거나 변경하고자 할 때에는 국무회의의 심의를 거쳐야 한다. ⑥ 국방부장관 또는 행정안전부장관은 제2항 또는 제3항에 해당하는 사유가 발생한 경우에는 국무총리를 거쳐 대통령에게 계엄의 선포를 건의할 수 있다."라고 나와 있다.

계엄령 건의 과정에서 국무총리를 거쳐야 하고 계엄령 선포 직전 열린 국무회의에서 대통령과 국무위원들이 문서에 서명해야 한다. 그런데 국무위원들이 반대했음에도 계엄령을 발동했다. 또한 계엄선포 즉시 헌법 제77조 4항에 의거 국회에 보고해야 하나 오히려 군을 동원해 국회의 기능을 마비시키려 했다. 「군인의 지위 및 복무에 관한 기본법」이란 법률이 있다. 여기에 부당한 명령에 대해서는 이행하지 않아도 된다는 내용이 있다. 국회에 난입한 군인들도 이것이 부당한 명령이라는 것을 알았던 것이다. 차은경 판사는 구속영장 심사에서 윤석열 대통령에게 계엄선포 이후 "비상입법기구를 창설할

의도가 있었느냐?"라는 딱 한 가지 질문만 했다. 계엄 직전 최상목에게 건넨 문서에 조속한 시일 내에 예비비를 확보하고 국회의 각종 자금을 끊으라는 내용이 적시되어 있다. 그러면서 비상입법기구 관련 예산을 마련하라는 지시도 있다. 이는 국회의 기능을 마비시키려는 의도이기 때문이다.

 윤석열은 계엄의 목적을 더불어민주당 탓으로 돌렸다. 더불어민주당의 입법 독재와 부정선거 때문이라 했지만 더불어민주당이 법을 어기진 않았다. 예산안도 영수증 처리가 안 되는 예비비만 깎았다. 그것도 소위가 통과되고 나서도 예산이 필요하면 자료를 제출하라 했지만 검찰이 제출하지 않았다. 시민단체에 의해 검찰의 특수활동비 사용 내역이 일부 밝혀졌는데 수사에 무관한 기념사진 촬영, 공기청정기 렌탈, 회식비 등이었다. 일반 공무원이었으면 전부 징계감이다. 또한 초급간부 처우개선 관련해서 당직 근무비 인상, 작전 훈련 간 간부 급식비 증액, 이사 화물비 대상 확대 등이 예산안에서 삭감되었다 주장했으나 애초에 예산안을 제출하지도 않았다. 결정적으로 2025년 정부 편성 예산안은 국회의장이 12월 10일까지 여야 간 협상할 수 있는 기회를 주었다. 대표적인 민주주의 국가인 미국도 예산안 자체가 통과하지 못한 경우가 여러 차례 있었다. 이를 셧다운이라 하는데 그때마다 윤석열처럼 계엄을 선포하지 않았다.
 윤석열은 계엄 사유로 "종북과 반국가 세력을 척결한다."라고 했지만 어떠한 증거도 제시하지 못했다. 대법원 판례에는 전두환이

1980년도에 비상계엄을 전국으로 확대시키는 걸 도모할 때 계엄 사유가 없는데도 계엄을 한 것은 "계엄권을 남용한 것 자체가 내란행위"라고 판결했다. 계엄령이 발령되면 국민들의 기본권이 완전히 박탈되므로 그 상황 자체가 반헌법적인 것으로 판단한 것이다. 윤석열은 선관위 부정선거를 주장했으나 중앙선거관리위원회 사무총장 또한 윤석열이 임명한 서울대 법대 79학번 동기인 김용빈이다.

나는 계엄이 성공했으면 선거 조작으로 몰아 더불어민주당 국회의원들을 모조리 감옥에 보내려 한 것이라 봤다. 일부는 윤석열이 극우 유튜버의 부정선거 음모론을 믿었다 하는데 말도 안 된다. 선관위 기계는 극우들이 주장하는 전자개집표기가 아니라 단지 투표지 분류기일 뿐이다. 인터넷 연결이 안 되어 있고 실물 투표용지도 있다. 정당이나 후보자가 보낸 투개표 인력이 전국적으로 수만 명이 참여한다. 동원 인력 대다수는 행정안전부가 관리·감독하는 공무원들인데 이들을 총지휘한 사람은 한덕수 총리와 이상민 행안부장관이다. 지난 4년 동안 선관위 압수수색이 165번인데 그중 90%가 윤석열 정부 때였다. 그리고 선관위가 차단벽을 해제해 주고 패스워드를 줘서 국정원이 들어가 확인했지만 아무것도 발견하지 못했다. 결국 의심을 증폭시켜 사람들의 관심을 끌려고 한 것이라 보인다. 혹여 조작을 한다 해도 그건 사람이 일부 속이는 것이다. 부정선거를 그리 의심하면서 본인이 당선된 것은 어떻게 부정선거가 아니라 할 수 있나?

비상계엄은 더불어민주당이 정부예산을 깎고 나서 준비한 것이 아닌 이미 오래전부터 준비한 것이다. 그래서 더불어민주당이 의혹을 제기했으나 2024년 9월 3일, 국민의 힘은 '괴담선동', '집단실성'이란 표현을 써 가며 더불어민주당을 공격했다. 급기야 김재원 최고위원은 "야당이 지도부부터 모두 집단적으로 실성을 했다. 이런 제보가 들어오고 있다."라고 비꼬았다. 대략 2024년 3월부터 준비한 것으로 밝혀졌지만 실상은 더 오래된 것일 수 있다.

　윤석열은 검찰총장 청문회 당시 전두환을 존경한다고 했다. 또한 "검사가 수사권 기소권을 갖고 보복하면 그게 양아치지 검사냐!"라는 말도 했다. 그런데 사실 자신의 상관인 조국 법무부장관을 공격한 것도 검찰개혁에 대한 보복이다. 처음엔 권력형 비리라 했으나 아무것도 나오지 않자 가족부터 시작해 일가친척을 수사했다. 그마저 혐의가 없자 결국 국민들 감정을 이용한 입시 비리 사건을 만들었다. 성과가 없어 국민들의 의심을 할 때 조국 폴더가 나왔다. 그런데 SBS가 보도한 시점이 검찰이 발견한 시점보다 먼저 나왔다. 또한 자료를 복사할 때 변호사의 입회가 있어야 하는데 검찰 수사관만 있었다. 치사하게 자원봉사 시간을 늘렸다고 했지만 그렇게 따지면 전국의 고등학교 교사들 모두 구속해야 한다. 교내 청소 30분 하고 자원봉사 2시간 했다고 인정해 주니 말이다. 나는 수사하는 윤석열을 보며 생각이 없다고 봤다. 자신이 한 행동이 어떠한 결과를 낳을지 생각하지 않고 그냥 무데뽀로 밀어붙이는 것이라고….

윤석열은 비상계엄을 선포하며 우원식 국회의장, 더불어민주당 이재명 대표, 국힘당 한동훈 대표를 체포하려 했다. 이는 방첩사 단체 대화방에 나온 지시 내용이다. "기존 부여된 인원 전면 취소. 모든 팀은 우원식, 이재명, 한동훈 중 보시는 팀 먼저 체포해서 구금시설(수방사)로 이동하면 됩니다." 이는 김용현 전 국방부장관이 계엄 해제 가결이 임박하자 여인형 방첩사령관에게 3인을 먼저 잡으라고 지시한 것으로 알려졌다. 여인형 사령관은 방첩수사단장에게 지시를 전달해 작전이 이행된 것으로 파악했다. 명태균은 윤석열을 빗대어 "5살 아이에게 권총을 쥐어 준 격"이라 했다.

나는 계엄을 통해 역사가 거꾸로 가고 있다고 느꼈다. 1980년 5.18 민주화운동으로부터 45년 또한 1960년 4.19 혁명으로부터 65년이 채 안 되었다. "민주주의는 수많은 사람들의 피로 쟁취한 자유다." 여권 인사들은 계엄이 별것 아닌 양 주장하지만 이는 실로 심각한 사태다. 국회 및 정당의 정치활동 금지, 모든 언론과 출판의 자유 통제, 재판 절차나 영장 없는 일방적인 체포, 구금, 압수수색 등은 독재를 할 수 있다는 뜻이다. 즉, 중국의 시진핑이나 북한의 김정은과 똑같이 할 수 있다는 것이다. 중국과 북한에도 엄연히 법이 존재할 것이다. 하지만 독재자가 죽이고 싶으면 죽이고 독재자가 뺏고 싶으면 뺏을 수 있다. 언론을 통제할 수 있으니 고문하고 죽여도 "빨갱이 간첩 사형시켰다." 하면 그만이다. 과거 군사정권 시절에는 그게 가능했다. 유신 시절 중앙정보부가 만들어 낸 인혁당 사건(1964년)이나 이승만이 만들어 낸 조봉암 사건(1959년)은 이를 증명한다. 정권을 유지하기 위해 증거를 조작하여 재판을 가장한 사법살인도 서슴지 않았다. 1964년 8월 박정희 정권 때 김형욱 중앙정보부장 등은 좌익 계열 정당인 인민혁명당(인혁당)이 "북괴의 지령을 받고 대규모적인 지하조직으로 국가를 변란하려던" 사건을 적발해 일당 57명 중 41명을 구속하고 나머지 16명을 전국에 수배 중이라고 발표했다. 이는 철저히 조작된 사건으로 기소된 사람들은 증거와 혐의점 없이 심한 고문을 당했다. 결국 사건 담당 검사 중 최대현 검사를 제외한 부장검사 이용훈, 김병금, 장원찬 검사는 "양심상 도저히 기소할 수 없으며 공소를 유지할 자신이 없다."라는 이유로 기소 거부와 함께 사표를 제출했다. 당시 이 사건으로 8년간 옥고를 치른 정만진 씨 등은 "인혁당은 실체가 없으며 피고인들의 법정 진술까지 변조할 만큼 철저히 조작된 사건."이라고 밝혔다.

이승만은 권력을 유지하기 위해 비상계엄을 7번이나 했다. 그중 1952년 5월 25일의 비상계엄은 내각제개헌안을 제출한 50명의 국회의원을 강제로 연행하기 위한 쇼였다. 전날 무장 공비들이 부산 외곽에 주둔하고 있는 미군을 공격해 죽였다는 이유로 비상계엄을 실시했다. 하지만 부산 금정산 사건은 이승만이 형무소에 있는 죄수들을 풀어 사주한 것이다. 1951년 2월에는 공비 소탕 명목으로 부락민 500여 명을 총살한 '거창 양민 학살'을 자행했다. 그 후 국회조사단이 파견되었으나 경남지구 계엄민사부장 김종원 대령은 국군 1개 소대로 하여금 공비를 가장, 위협 총격을 가함으로써 사건을 은폐하려 했다. 국회 조사 결과 사건의 전모가 밝혀져 내무·법무·국방의 3부 장관이 사임하였으며, 김종원·오익경·한동석·이종배 등 사건 주모자들이 군법회의에 회부되어 실형을 선고받았다. 하지만 얼마 되지 않아 모두 특사로 석방했다. 이처럼 알려지지 않은 것 외에 더 많은 비리와 만행이 있을 것이다. 그런데 세월이 지나 잊을 만하니 이승만을 영웅으로 만들려는 움직임이 있다. 설사 대통령이 시키지 않았다 해도 밑에서 그렇게 조작했다. 이근안 같은 고문 기술자는 무고한 사람들을 고문해 간첩으로 만들었다. 만일 군사독재가 이어졌다면 이근안은 지금도 호의호식하며 살았을 것이다. 전두환 군사정권 또한 똑같은 맥락이라 본다. 5.18 광주의 비극도 사실은 보여 주기 식 철통 통치였다. 이렇게 빨갱이들이 많으니 내가 질서를 유지해야 한다고…. 이스라엘 군인들이 팔레스타인으로 변장해 소요를 일으키게 선동한 후 무력으로 진압하다 들킨 적이 있다. 이승만도 그렇게 했고 전두환이라고 안 할 이유가 없다. 결국 그들은 공산당은 아닐지라도 독재를 원했다.

나는 공산주의가 훌륭한 사상이라 생각한다. 모든 사람이 잘 먹고 잘 사는 평등한 세상…. 하지만 이는 실현 불가능한 얘기다. 인간의 욕심은 끝이 없기에 예로부터 권력을 나눈 적이 없다. 오히려 권력에 미쳐 자식도 죽인 역사가 있다. 북한의 김정은이 자신의 재산을 주민들에게 골고루 나눠 주고 평등하게 살게 해 줄 거라 믿는 사람은 아무도 없을 것이다.

그런데 남한의 윤석열은 달라서 독재를 해도 그렇게 해 줄 거라 믿는 모양이다. 계엄을 찬성하며 독재를 옹호하는 이유는 뭘까? 국힘당은 내란에 깊숙이 개입했을 것이라 보고 있다. 하지만 일반 시민들은 도대체 왜 그럴까? 이에 유시민 작가는 인터뷰에서 "내가 그 사람을 찍었잖아요! 그 사람이 엉망으로 하고 있으면 내가 잘못한 게 되잖아요. 내가 괴로우니 이걸 피하기 위해 이재명은 악마여야 돼요. 이런 쪽으로 '내가 옳았어.'라고 계속 주장하는 거예요. 그런 생각과 충돌하는 정보는 다 배척하고 0.3% 올라도 바닥을 찍고 '상승세로 올라왔다.'라고 받아들여요. 집단동조심리로 사람들이 가는 방향으로 따라가는 경향이 있어요."라고 주장했다.

나는 '보고 싶은 것만 보이는 인간의 한계' 때문이라 생각한다. 우리는 모든 것을 다 보고 기억하며 합리적인 판단을 내린다고 믿지만 뇌는 필요하다고 판단한 정보에만 집중한다. 나머지는 무의식적으로 무시하는 경향이 있다. '확증편향'이라는 심리학 용어도 있다. 믿고 있는 정보를 더 쉽게 받아들이고 반대되는 정보는 무시하는 것이다. 김경만 대표는 내가 얘기하는 것을 안 믿는다. 반대로 김 대표 또한 자신이 얘기하는 것을 내가 안 믿는다 생각할 것이다. 나는 그래도 궁금하면 찾아본다. 그러나 김 대표는 아예 보려고 하지도 않는다. 마치 진중권이 심형래 감독의 「디워」를 까며 영화를 볼 필요가 없다는 것과 마찬가지다. 영화를 안 봤는데 어떻게 그 영화에 대해 평가를 할 수 있을까! 나는 보지도 않고 말하는 것은 그냥 우기는 거라 생각한다. "그 사람이 만든 영화는 볼 가치도 없어…." 한 스님이 유명한 절에 가서 공부를 했다. 몇 년 공부하고는 "배울 게 없는 걸 배웠다." 했다. 그 이유는 그 절에 가서 공부를 안 했으면 '배울 게 없다는 것을 몰랐을 것'이라는 뜻이다.

역사는 돌고 돈다!

  나는 살아오면서 역사에 크게 관심이 없었다. 그래서 어떠한 사상적 이념이나 신념을 가진 적도 없다. 학생일 때는 역사 수업에 집중하지도 않았고 단지 시험을 잘 보기 위해 당일치기로 암기만 했다. 하지만 내 기억에 유일하게 남는 것은 "역사는 돌고 돈다."였다. 역사는 계속 반복되기에 역사 공부를 해야 한다는 것이다. 또한 언제나 승자의 기록이라 생각했다. 패배하거나 죽은 사람은 기록하지 못한다. 살아남은 자나 승자가 역사를 기록하든 조작하든 남기는 것이다. 그래서 『조선왕조실록』은 진실성과 신빙성을 확보하기 위해 사관 외에는 아무도 볼 수 없게 했다. 하지만 연산군이 무오사화 때 사초의 일부를 봤다. 당대의 왕이 자신에 대해 좋은 평가를 기대하는 바람은 당연한 욕구일 것이다. 그러나 왕이 개입하면 그것은 역사가 아니라 날조된 소설로 전락할 수 있다. "강한 자가 살아남는 게 아니라 살아남은 자가 강한 것이다."

  조선왕조는 많은 외세의 침략을 받아도 500년의 역사를 지녔다. 하지만 그건 먼 나라의 얘기와 같았다. 역사에 관심이 없는 것은 물론 별로 알고 싶지도 않았다. 다만 아버지와 같은 신문을 보고 같은 텔레비전 뉴스를 봤지만 보는 시각은 완전히 달랐다. 아버지는 통반장을 하면서 평생 여당만 찍었다. 새누리당과 그 전신인 한나라당, 신한국당, 민주자유당… 하지만 나는 아버지와 반대로 거의 야당만 찍었다. 대학 시절 알게 된 '푸른소나무'의 독서토론회에 몇 번 참석했다고 바뀐 것은 아니다. 내 결혼식 주례 선생님은 제14대 민자당 전 국회의원이었던 이순재 선생님이었다.

  나는 군대에 있을 때 사단에서 정신교육을 받은 적이 있다. 그때 고구려의 기상을 들었다. 만주 벌판까지 광활한 대륙을 차지한 고구려, 수양제의 100만 대군을 물리친 을지문덕 장군…. 우리가 알고 있는 역사보다 더 광활한 영토를 가졌던 민족이라고… 나는 오래전부터 "일제 강점기에 한민족의 정체성을 말살하기 위해 역사를 조작했다."라는 얘기를 들었다. 일제가 자신보다 뛰어난 민족을 다스리기 힘들 테니 당연한 조치일 것이다. 그 당시 일본의 편에 선 학자들은 승승장구하고 눈 밖에 난 학자들은 온갖 고초를 겪었을 것은 자명했다. 그때 앞장서서 역사를 왜곡한 사람들이 최고의 자리에 올라 계속 후학들을 배출했다는 것이다. 그래서 우리나라 최고의 역사학자가 "역사가 잘못되었다."라고 고백했다는 내용이다. 실제로 역사학자가 사망할 때 그런 내용이 나온 기사도 봤지만 어디서 잘못되었다는 내용은 없었다.

내가 캐나다 여행을 갔을 때 관광 가이드가 한국에서 전직 선생님이었다. 그 당시 인디언 보호구역을 지나며 창살 없는 감옥이라 했다. 인디언들이 외부로 못 나오게 하고 학교도 기초 교육만 할 수 있게 했다. "공부를 많이 하면 독립운동을 할까 봐! 철저히 차단한다."라고 알려 주었다. 중국이나 일본은 지금도 역사를 조작하고 있다. 중국은 중화 문명이 세계의 중심이며 그 문화적 역량이 어떠한 다른 문명보다도 우수하다고 가르치고 있다. 그래서 한국의 문화조차 자신들의 것이라 주장한다. 중국의 마반촌 산성에서 발해의 유적이 발견되었는데 대부분 고구려의 양식이었다. 이는 발해가 고구려를 계승했다는 증거로 보는데 중국은 일부 출토된 금나라 동하국 시대 유적을 빌미로 중국의 역사로 편입시켰다. 어쩌면 금나라 유적이 없었어도 나왔다고 했을 것이다. 또한 황하문명보다 앞선 요하문명이 발견되었다. 처음엔 동이족의 문명이라 했다가 황제족의 문명으로 바꾸었다. 동이족 문명을 인정하면 중국은 동이족의 방계 역사로 전락하기 때문이다.

일본에는 '후지무라 신이치'라는 유명한 역사학자가 있다. 그는 1981년에 가장 오래된 4만 년 전 유물을 발견했다. 당시 가장 오래된 유물이 3만 년 전 것이었기에 학계에서 유명해졌다. 그 뒤로도 꾸준히 발굴하다 70만 년 전 유물도 찾았다. 결국 교과서에도 실릴 만큼 유명해졌지만 모든 게 사기로 들통났다. 한 신문사의 잠입 취재 결과, 산책하는 척하다가 땅속에 유물을 숨기고 찾아내는 척하는 행각이 발각되었다. '후지무라 신이치'는 그간 발굴한 160개 유적 모두 날조되었다고 고백했다.

  일본 정부는 독도를 자신들의 땅이라 주장하고 있다. 대일강화조약에 따르면 일본은 한국의 독립을 인정하고, 제주도, 거문도, 울릉도를 포함한 한국에 대한 모든 권리, 자격, 영유권을 포기한다고 되어 있다. 하지만 일본이 패망하며 미군정의 '샌프란시스코 강화 조약'에 의해 체결된 내용에 일본이 포기해야 하는 영역에 독도가 표기되지 않았기 때문이다. 이는 단지 표기되지 않았을 뿐 실효적인 지배를 하고 있다는 한국과 1905년 독도를 시네마현에 편입하여 독도 영유 의사를 밝혔다는 일본의 입장이 팽팽히 맞서고 있다. 결국 당사국인 한국 없이 미국과 영국이 공동으로 작성한 문서에 독도의 표기가 빠져 생긴 문제였다. 또한 일제 침략 당시의 만행을 철저히 숨기고 있다. 731부대처럼 살아 있는 사람을 대상으로 한 인체실험은 은폐하고 강제징용과 위안부조차 자발적 참여라 주장한다. 일본패망 후에는 일본에서 귀향하는 '우키시마호를 고의로 침몰시켜 조선인 7천 명이 죽었다.' 대부분 일본에서 강제 노동을 하던 조선인들로 일본은 선체 인양이나 유해 수습도 하지 않았다. 이는 자신들의 악행을 철저히 숨기기 위한 만행이었다. 당시 구조는커녕, 승선자와 조난자 명부도 주지 않다가 사고 79년 만에 일부를 제공했다. 그동안 유족들은 근거자료가 없어 피해 자체를 인정받지 못했다. 2025년 1월 20일 관동대지진 때는 자국민의 불안과 불만을 잠재우기 위해 일본 정부가 유언비어를 퍼뜨려 조선인을 학살했다. "조선인이 우물에 독을 탔다." "조선인들이 독이 든 만두를 나눠 주고 있다." "조선인들이 일본에 지진이 나게 해 달라고 일본에 저주를 퍼부었다."라는 구실로 일본 정부 주도의 학살을 벌였다. 이때 독립신문은 희생자 수를 6,661명이라 보도했다. 하지만 진도 7.9 규모의 대지진으로 약 14만 2,000명이 사망하고 3만 7,000명이 실종되었기에 얼마나 죽였는지 정확히 알 수 없다. 한일 국교 정상화를 앞두고 이승만 정부가 작성한 문서에는 학살된 한국인이 290명이라 발표했다. 또한 3.1운동 희생자는 670명, 강제 징용된 한국인은 22만 9,781명으로 나와 있다. 한일 양측 증언과 기록을 통하면 관동대지진 당시 도쿄 고토구 가메이도 경찰서 연무장에서 일본군이 조선인 83명을 한꺼번에 죽였으며 경찰서로 피신한 일가족 5명도 몰살시켰다.

대부분의 사람들은 먹고살기 바빠서 역사를 따로 공부하지 않는다. 그래서 언론에 많이 노출된 것만 기억한다. 나도 마찬가지라 텔레비전에서 본 것들로 많은 영향을 받았다. 하지만 오랜 세월 지나고 나니 정말 말도 안 되는 일이 벌어졌다. 내가 오래전에 텔레비전에서 보았던 다큐멘터리에서 강제징용과 위안부는 억지로 끌려간 피해자들이었다. 영문도 모르고 끌려간 사람들 이야기였는데 요즘은 그런 얘기가 없는 것 같다. 나 역시 텔레비전을 안 본 지 오래되었지만 유튜브나 인터넷 사이트에 자발적으로 갔다는 주장이 나온다. 이는 일본 극우의 주장이 오히려 정설처럼 바뀐 것이다. 역사가 정권에 따라 바뀔 수 있는 것인가?

보수주의는 우파라고도 하며 급격한 변화를 반대하고 전통을 옹호하여 점진적 개혁을 원한다. 진보주의는 좌파라고도 하며 사회문화와 정치나 제도 등을 새롭고 빠르게 바꾸는 개혁을 원한다. 그런데 소위 우파라 주장하는 사람들이 전통을 고수하기는커녕 일본 극우를 신봉하여 역사마저 왜곡하고 있다. 이는 이명박 대통령 당시 뉴라이트 사상이 널리 퍼지며 생긴 현상이다. 이명박의 증조부는 면장으로 재직하며 조선총독부의 표창을 받았고 일제에 국방비를 헌납한 일화도 소개되었다. 그런데 대선후보 홍보물에는 조부가 독립운동을 했다고 했다. 당선 후 이명박은 '도덕적으로 완벽한 정권'이라 했지만 일본 오사카에서 태어나, 형사처분 전과가 11회인 것은 확실하다. 대통령 퇴임 이후 BBK 주가조작 사건과 횡령 등으로 전과가 더 늘었다. 뉴라이트는 일본의 극우세력이 주장하는 것으로 "일본의 식민 지배를 받아 한국이 근대화되었다."라는 것이다. 이는 매우 우매한 얘기다. 일본은 조선을 '영구 병합' 하여 조선을 일본의 영토로 만들어 계속 다스리려 했다. 그런데 일본인은 자신들을 1등 국민, 조선인은 2등 국민으로 생각했다. 조선에 철도를 깐 것은 자원을 수탈하려 한 것이고 노예제도를 없앴다 해도 궁극적으로 제국주의를 만들려 했던 것이다. 제국주의는 식민지로 하여금 희귀한 자원과 노예를 확보하는 것이다.

이명박 대통령이 당선되며 역사 교과서를 개정한다는 논란이 많았다. 건국절을 1919년 상해임시정부 수립일에서 1948년 대한민국

정부가 수립된 날로 바꾸려 했다. 이는 과거 1919년 3.1운동을 비롯한 1920년 봉오동 전투와 청산리 전투 등 독립운동을 역사에서 지우려 한 것이다. 이승만은 친일파를 등용했기에 건국절이 바뀌면 독립군이 아닌 친일파들이 개국공신의 반열에 오르게 된다. 또한 이승만을 국부로 추켜세워 일제강점기에 대해 우호적인 제스처를 취했다. 이로 인해 전체주의 사상을 간직한 채 친일반민족행위 옹호와 혐북으로, 방향만 돌아선 사람들이 바로 뉴라이트라고 할 수 있다. '전체주의'는 공동체, 국가, 이념을 개인보다 우위에 두고, 개인을 전체의 존립과 발전을 위한 수단으로 여기는 사상이다. 이는 이승만이나 이탈리아 독재자 베니토 무솔리니, 독일의 히틀러, 일제의 제국주의와 같은 궤를 이룬다. 대부분 기회주의자들로 일본제국을 신봉하여 혐한을 하던 사람들이라 애국을 한 적이 없다. 따라서 일본의 극우들을 위해 매국노를 자처한 것이다. 윤석열 정부 들어서는 3.1절에 공영방송인 KBS에서 기미 가요를 방송하는 어처구니없는 일마저 생겼다. KBS 박민 사장은 김건희 여사가 수수한 명품백을 파우치라 보도하여 단숨에 사장 자리를 꿰찼다.

일본의 '사사카와 재단'이라는 곳에서 대한민국의 학계와 정치인들에게 막대한 돈을 뿌렸다. 이 재단은 태평양전쟁의 A급 전범인 사사카와 료이치가 사행산업으로 벌어들인 돈으로 설립했다. 사사카와 료이치는 무솔리니를 존경하며 가미카제 특공대 개념의 창시자로 알려져 있다. 2차 세계대전 당시 만주에서 아편을 팔았고 패전 이후엔

경정(모터보트 경주)으로 막대한 부를 축적했다. 매년 10조 원 이상의 도박 자금으로 일본선박진흥회를 만들어 도박을 합법화했다. 이는 일본 총리였던 아베 신조의 외할아버지인 기시노부스케와 친했기에 가능했다. 기시노부스케 또한 A급 전범으로 731부대의 자료를 미군에 넘겨주며 풀려났다. 이후 사사카와 재단의 실체가 밝혀지자 일본 재단으로 명칭을 바꿨다. 평화를 사랑하는 기부하는 재단이라 포장해 일본 및 전 세계에 로비를 하고 있다. 전두환 정권 때 민정당도 방문해 후원하고 박정희 정권 때는 일본보건재단 회장으로 방문해 훈장까지 받았다.

1980년부터 우리나라 대학에 장학금을 뿌렸는데 부산 경성대학교, 고려대학교도 일본재단 자금으로 장학재단을 설립했다. 1995년에는 연세대학교에도 현재 가치로 수백억 원인 10억 엔을 쾌척했다. 일본의 검은돈으로 만든 '아세아 연구기금'은 일본이 식민 지배 했다는 것을 정당화하는 연구 목적이었다. 아세아 연구 기금 사무총장이었던 류석춘 교수는 '위안부 매춘' 발언을 해서 재판을 받았다. 일부 벌금을 선고받았으나 매춘 발언에 대해서는 "학문적 표현의 자유를 존중해야 한다."라는 취지로 무죄를 받았다. 하지만 일본의 돈을 받아먹으며 옹호하는 발언이 과연 표현의 자유라 할 수 있나 되묻고 싶다. 마약으로 돈 번, 일본인 전범이 대가 없이 선의로만 돈을 쾌척할 수 있을까? 우리나라 입장에서 보면 최고의 악당이지만 일본인 입장에서 보면 진정한 애국자다.

친일 인사 이명박은 한술 더 떠, 친일학자들이 모인 '낙성대 연구소'라는 곳에 9년간 20억 원의 연구비와 5,000권 이상의 도서 보급을 지원했다. 이영훈 전 서울대 교수, 김낙년 동국대 교수, 이우연 박사 등은 일제강점기 징용과 위안부 강제성을 부정한 『반일종족주의자』를 함께 썼다. 이렇게 일본의 돈을 받고 한국을 폄훼하는 자들을 처벌할 방법이 없다. 특히 정치인의 경우 국익에 반하는 정보를 제공해도 간첩죄로 처벌하지 못한다. 이는 「간첩법」이라 불리는 형법 제98조(간첩)에 "① 적국을 위하여 간첩하거나 적국의 간첩을 방조한 자는 사형, 무기 또는 7년 이상의 징역에 처한다. ② 군사상의 기밀을 적국에 누설한 자도 전항의 형과 같다."라고 되어 있지만 일본은 적국이 아니기 때문에 해당되지 않는다. 중국 또한 적국이 아니라서 군사·산업 기밀 등을 유출해도 간첩죄로 다스릴 수 없다. 최근 중국에 블랙 요원 명단을 유출한 정보사 군무원이 징역 20년 형을 받았지만 간첩죄는 적용되지 않았다. 적국을 '외국'으로 바꾸려 했으나 민주당은 국가기밀과 군사기밀 등의 범위가 모호하다며 이를 막았다. '샌프란시스코 강화조약'에 독도가 빠져 해결이 안 되는 것처럼 이번엔 너무 광범위하다는 것인지 「산업기술보호법」·「군사기밀보호법」 등 특별법 개정을 먼저 하자고 한다. 「간첩법」은 반드시 개정해야 하고 이왕이면 정치자금을 받고 국익에 반하는 정보를 넘기는 행위도 포함했으면 한다.

 일본의 자금을 받아먹은 많은 학자들과 정치인들이 일본을 찬양하고 있다. 뉴라이트가 주장하는 것처럼 "일본의 식민 지배를 받아 한국이 근대화되었다."라는 말이 맞다고 한다면 이렇게 되묻고 싶다. 일본은 지금 아날로그 사회에서 디지털사회로 나아가지 못하고 있다. 일본은 '갈라파고스'라고 할 정도로 완전히 고립되어 도장과 팩스를 사용하고 행정단위마다 각자 다른 시스템을 사용한다. 그럼 반대로 "우리가 일본을 침략하여 자원을 뺏고 사람을 죽여도 인터넷만 잘 깔아 주면 일본인들이 감사하다고 할까?" 감사하다는 말을 듣기는커녕 이런 말만 해도 뺨부터 맞을 것이다. 그런데 뉴라이트는 온갖 자원을 수탈하려고 철도를 깔아 준 것도 감사하고 징집이나 강제 동원되어 죽은 국민이 50만 명 이상인데 신식 문물을 알려 줬으니 고마워해야 한다는 것이다.

제2차 세계대전 당시 일본으로 인해 목숨을 잃은 사람만 아시아에서 최대 2천5백만 명에 이른다. 난징 대학살의 경우 일본군이 죽인 민간인만 20만 명이었다. 일본군은 총알을 아끼기 위해 중국인을 산 채로 매장하고 칼로 토막 내 살해했다. 그런데 아무 이득도 없이 자신의 나라를 깎아내리고 일본을 찬양하는 사람들은 대체 무슨 생각일까? 돈을 받고 양심을 파는 건 다른 문제다. 사사카와 재단의 돈이 흘러들어 간 연세대 류석춘 교수는 "직접적인 가해자는 일본이 아니다. 위안부는 매춘의 일종이었다."라는 망언을 쏟아 냈다.

위안부 문제는 「여명의 눈동자」에서도 나왔듯 대부분이 피해자가 맞다. 이명박 대통령 이전의 공영방송에서는 강제징용이나 위안부 문제가 다큐멘터리로 나왔다. 대부분 공장에 취직시켜 준다는 거짓

말에 속았거나 강제로 끌려간 사례였다. 여자정신대(조선여자근로정신대)로 끌려간 사람은 14세에서 40세로 대략 20만 명이다. 이들은 낮엔 공장에서 일하고 밤엔 성노예 같은 일을 당했다. 이 중 5~7만 명 정도가 위안부로 끌려가 대부분 희생되었다. 일왕 히로히토의 항복 선언 이후 일본군은 위안부의 흔적을 지우기 위해 집단으로 학살했고 그중 일부만 살아남은 것이다. 전쟁이 장기화되며 위안부로 한국인뿐 아니라 중국, 필리핀, 인도네시아 등 국적을 가리지 않고 최소 3만 명에서 최대 40만 명까지 동원된 것으로 추산하고 있다.

우리나라는 1990년대까지도 조직폭력배들이 인신매매를 했다. 또한 중국은 지금도 인신매매가 일어나고 있다. 일제강점기에는 인신매매가 빈번하게 일어났다고 봐야 할 것이다. 평균 수명이 35세 전후로 병에 걸리면 죽었기에 아이를 많이 낳았을 것이다. 사람이 흔히 죽었을 테니 인명도 천시했을 것이다. 더군다나 피식민지 국민에겐 인권이 있을 리 만무하다. 일제 탄광에서는 강제징용 조선인을 도망치지 못하게 가두고 임금도 지불하지 않았다. 열악한 환경으로 많은 사람이 죽었는데 먹여 주고 재워 주는 것보다 다시 잡아 오는 게 더 수월했을 것이다. 물론 모든 일본인이 다 그렇지는 않았을 것이다. 최소한의 양심이라도 있는 사람이 어딘가에 있을 테니 말이다. 지금도 일본인 중에는 침략전쟁을 비판하며 사죄하려는 사람도 있다.

이승만은 해방 이후 국내 정치 기반이 약했기에 세를 늘리기 위해 반민특위를 무력화했다. 반민특위(반민족행위특별조사위원회)는 해방 이후 일본제국에 적극적으로 협조한 자를 조사하기 위한 기구다. 조선의 독립을 위해 힘써 왔던 애국자 및 독립운동가, 그 가족과 지인들을 살해하거나 방해했던 자들을 조사하는 기구였다. 여기에는 조선인을 징집하고 일제의 훈령에 따라 재산을 강제로 압류한 자들도 포함되었다. 또한 조선인들에게 무수한 고문과 고통을 주었던 자들도 포함되어 있다. 반민특위는 조사를 담당하는 특별조사위원회, 기소 및 송치 업무를 담당하는 특별검찰, 재판을 담당하는 특별재판소 등을 국회에 별도로 설치했다. 반민특위가 반민족행위자 7천여 명을 파악하고 1949년 1월 8일부터 검거 활동을 시작했으며 취급한 조사 건수는 682건(여자 60명 포함)이었다. 이 중에 체포 305건, 미체포 193건, 자수 61건, 영장 취소 30건, 검찰 송치 559건에 이르렀다. 각 도별 송치 건수를 보면 서울 282건, 경기 32건, 황해 26건, 충남 25건, 충북 26건, 전남 27건, 전북 35건, 경남 50건, 경북 34건, 강원 19건 등 모두 559건이다.

  8.15 광복 직후 신속히 친일파를 척결함으로써 '민족정기'를 회복하는 일이 급선무로 내세워졌다. 그러나 이승만 외에 미군정 또한 실리만을 추구했기에 기존에 일했던 군인과 경찰 등을 대거 기용하였다. 이는 19세기 후반 미국을 중심으로 실제 결과가 진리를 판단하는 기준이라고 보는 프래그머티즘 철학 때문이었다. 그로 인해 친일파들이 득세하여 오히려 반민특위 사무실을 습격하기도 했다. 결국, 일제강점기에 독립운동가를 고문하고 살해했던 노덕술 같은 악질 경

찰이 다시 반이승만 세력을 숙청하는 데 앞장섰다. 노덕술은 고등계 형사로 '친일 고문 경찰은 노덕술'이라고 인식될 정도로 유명해 일경의 호랑이란 별명도 있었다. 노덕술의 고문 수법은 매우 다양하고 악랄했다. 본인이 직접 새로운 고문을 고안하기도 했으며 천장에 매달고 구타하기, 머리카락 뽑기, 이빨 뽑기, 손발톱 뽑기, 혀 뽑기, 코에 뜨거운 고춧물을 붓는 방식의 물고문, 비행기 태우기는 기본이고 전기 고문이나 대못 상자까지 마다하지 않았다. 얼마나 잔혹했으면 일제강점기에 경찰에서 전국의 고문 기술을 총정리했는데 그 가운데 70%가 그의 작품이라는 설이 맴돌 정도다. 그 때문에 고문 후유증으로 죽은 독립운동가만 6명이다.

노덕술은 독립운동가 고문 취조로 일사천리로 승진 가도에 올랐고 일제로부터 '훈8등 서보장' 같은 수훈을 받았다. 노덕술의 일화 가운데 유명한 것은 '저놈 잡아라' 사건이다. 이 사건은 '탁 치니 억 하고 죽었다'의 롤모델 격이며 1948년 초에 벌어진 장택상 피습 사건의 용의자 임화 박성근을 고문하던 중 일어났다. 박성근이 수사관의 폭행으로 인해 사망하자 시체를 몰래 얼어붙은 한강에 구멍을 내고 유기한 후 노덕술이 취조실 창문을 열고 "저놈 잡아라!" 하고 외치며 박성근이 도망간 것으로 둔갑시킨 것이다. 노덕술은 반민특위 간부들마저 암살하려는 음모를 꾸미다 잡혔는데 그 당시 현재 시세로 100억 원이 넘는 재산을 모았다. 이는 순사부장 시절부터 부정 축재로 모은 재산이라 볼 수 있다. 이승만은 반민특위에 노덕술의 석방을 요구하고 심지어 특위법 개정까지 하여 특위 활동을 방해했다. 그로 인해 친일파들이 오히려 반민특위 사무실을 습격하기에 이르렀다. 악덕 친일파를 청산하지 못하는 바람에 오히려 친일파들이 더 활개를 치게 되었다. 이 사건을 계기로 독립운동을 했던 사람들이 죽거나 큰 피해를 입었고 그 후손들마저 가난을 대물림하게 되었다. 노덕술은 병보석으로 풀려난 뒤 무죄 판결을 받고 석방되어 경기도청 경찰국 주임으로 영전했다. 군에 장교로 입대하여 헌병 중령으로 변신하였으며 1950년에는 육군본부 제1사단 헌병대장, 1954년 부산 제2육군 범죄수사단장, 1955년 서울 15육군 범죄수사대 대장을 지내는 등 그 이전과 마찬가지로 주로 대공수사 업무를 담당했다. 참고로 9.28 서울 수복 후에는 서울에 있던 인민군 부역자 처리 과정에도 참여했다. 일제강점기에도 그 악행을 인정받아 1943년 일제로부터 훈8등 서보장(일제의 훈장)을 받았던 인물이 해방 이후 대한민국 정부로부터 처벌은커녕 훈장을 받았다. 이처럼 악랄한 일제 경찰 출신 중 해방 이후에도 이승만 정권의 비호를 받으면서 대한민국 훈장을 받은 자들은 모두 17명이다.

 이승만 정권하에 독립운동가와 그 후손들이 몰락하며 악질 친일파들이 득세하게 되었다. 개인적인 소견으로 그 당시 반민특위에서 적당히 타협점을 찾았으면 어땠을까 하는 생각도 든다. 시시비비를 따지지 않고 노덕술같이 악질적인 자들만 처리하고 봉합했으면… 당시의 상황에서 친일파와 독립운동가의 간극은 쉽게 봉합되지 않았을 것이다. 솔직히 진영 논리를 떠나서 노덕술 같은 자들은 부정부패와 온갖 패악질을 했기에 처벌했어야 했다. 그 당시 헌법이나 규칙, 규율 등도 분명히 있었을 것이다. 하지만 법과 원칙을 무시한 채 독립군만 해쳤다고 보지 않는다. 오히려 더 많은 무고한 국민들을 해쳤을 것이라 본다.

이승만같이 독립군 행세를 하며 돈과 권력을 좇았던 인물이 상생을 원하진 않았을 것이다. 이승만은 하와이에서 독립군 활동을 한다며 '하와이 국민회' 독립운동 성금을 착복했다. 비리 의혹이 불거지자 추종 세력을 동원해 문제를 제기한 사람들의 물증을 빼앗고 입을 막으려 했다. 결국, 대국회 대의원들이 이승만을 고발하자 미국 법정에서 "일본 군함 이즈모가 호놀룰루에 도착하면 파괴하려 했다. 미국과 일본의 사이에 중대한 사건을 일으켜 평화를 방해하려 했다."라고 알렸다. 이로 인해 하와이에 있던 독립군을 와해시키고 본인은 풀려났다. 이승만은 여러 차례 개헌과 부정선거를 통해 영구 집권을 꿈꾸다 4.19 혁명으로 물러나며 막을 내렸다. 1948년 7월 24일 취임 이후 7번의 계엄을 통해 권력을 유지했으나 시민들의 저항으로 1960년 4월 26일 하야했다.

이승만의 독재정권이 막을 내리고 내각제에서 윤보선 정부가 들어섰다. 하지만 1961년 5.16쿠데타로 박정희 군사독재정권이 들어섰다. 박정희 또한 만주군관학교 수석 졸업 후 독립군을 잡던 일본군 장교 출신이다. 만주군관학교는 일본군의 장교 양성 과정으로 나이

제한이 16세에서 19세였다. 하지만 당시 박정희는 23살이라 '일본 제국에 충성을 맹세하는 혈서'를 써서 입학했다. 1938년 3월 31일 자에 기재된 만주신문에는 "치안부 군정사(軍政司) 징모과로 조선 경상북도 문경 서부 공립소학교 훈도 박정희(23) 군의 열렬한 군관 지원 편지가 호적등본, 이력서, 교련검정합격증명서와 함께 '한 번 죽음으로써 충성함 박정희(一死以テ御奉公 朴正熙)'라는 혈서를 넣은 서류로 송부되어 계원(係員)을 감격시켰다."라고 나와 있다. 편지 내용으로는 "일본인으로서 수치스럽지 않을 만큼의 정신과 기백으로 일사봉공(一死奉公)의 굳건한 결심입니다", "한 명의 만주국군으로서 만주국을 위해, 나아가 조국(일본)을 위해 어떠한 일신의 영달을 바라지 않습니다. 멸사봉공(滅私奉公), 견마(犬馬)의 충성을 다할 결심입니다."라고 되어 있다.

박정희는 장기 집권을 위해 1972년 10월 17일 초헌법적인 비상조치 유신헌법(유신 쿠테타)을 만들었다. 영원할 것 같던 박정희 군사정권은 1979년 10월 16일 김재규의 총탄에 막을 내렸다. 대통령 유고로 인해 당시 국무총리였던 '최규하'는 대통령 직무대행으로 권력을 이양받았다. 이때 비상국무회의에서 제주도를 제외한 전국에 비상계엄령을 선포하기로 한다. 전국 비상계엄은 대통령이 지휘 감독 하지만 제한적 비상계엄은 국방부장관이 지휘 감독을 한다. 이는 최규하 스스로 대통령 권한대행으로서의 군 통제권을 포기한다는 뜻이다.

주한 미국 대사관이 2021년 공개한, 1980년 문서에는 전두환을 두고 "군부 내에서 결정적이지는 않더라도 중심적인 역할을 했을 것으로 보인다."라고 평가했다. 또한 최규하는 무기력한 대통령과 내각이라는 표현을 했다. 최규하 또한 친일 행적을 의심받는 인물이다. 당시 1931년생인 전두환은 50세의 나이로 뚜렷한 친일 행각이 밝혀지지 않았다. 일제강점기가 1945년 8월 15일 끝났으니 당시 만 14세라 친일을 하라고 해도 할 수가 없었을 것이다. 하지만 당시 군과 경찰은 친일 세력이 주축이었기에 영향을 받았을 거라 짐작한다.

전두환은 1979년 보안사령관으로 그해 10월 박정희 시해 사건 합동수사본부 본부장을 맡고 12.12 군사반란을 일으켰다. 전두환의 육군 내 불법 사조직인 하나회와 노태우가 주도하는 신군부가 그 중심이었다. 12.12 군사반란은 법적으로 엄밀한 의미에서 정부나 국체를 들어 엎거나 국토를 참절하지는 않았으므로 군사반란은 맞으나 내란에 해당하지는 않는다. 전두환은 최규하를 내쫓고 1980년 8월 27일 대통령직에 올랐다. 앞서 전두환은 1980년 5월 초, 국내 정세 불안을 해소한다며 정권을 장악하기 위해 '비상계엄 전국확대', '국회 해산', '국가보위비상대책위원회 설치' 등을 골자로 하는 집권 시나리오인 '시국수습방안'을 기획했다. 이에 반발한 전국의 대학생들 10~20만 명이 서울역 광장에 모여 데모를 했다. 5월 18일 비상계엄이 전국으로 확대되며 김대중, 김종필 등을 영장 없이 불법적으로 체포하고, 김영삼 등 다른 야당 인사들도 연금, 국회를 폐쇄하고 기능을 일시 정지시켰다.

계엄 확대와 동시에 신군부는 계엄포고령 제10호를 발표해 정치 활동 금지, 휴교령, 언론 검열 등의 조치를 내렸다. 1980년 5월 18일 광주에서 전남대 학생들은 신군부의 쿠데타적 조치, 김대중 체포에 항거하는 시위를 했다. 시위가 거세지자 이에 신군부는 계엄군과 공수특전여단을 투입하여 진압했고 이로 인해 사태가 확산돼 5.18 광주 민주화 운동이 발생했다. 5월 19일 시위대가 5,000여 명으로 불어나자 계엄군은 장갑차를 앞세우고 착검한 총으로 시위대를 진압했다. 5월 20일 20만 명의 시민이 군경 저지선을 뚫고 시청 건물을 장악했다. 계엄군에 의해 모든 시외 전화가 두절되어 광주는 고립되었고, 밤 11시경 계엄군은 시민에게 발포했다. 이날 국회에 배치된 수도경비사령부 병력이 국회의원의 등원을 강제로 저지해, 오전 10시에 개회하기로 예정된 임시국회가 무산됐다. 5월 21일 계엄군의 발포로 수십여 명이 사망하자 시민들은 스스로를 시민군이라 칭하며 경찰서에서 탈취한 소총으로 무장했다. 5월 22일 시민들은 계엄군을 몰아내고 도청을 차지 '5.18사태 수습 대책 위원회'를 결성하고 사태 수습에 들어갔다. 하지만 계엄군의 협상 거부로 협상이 결렬됐다. 5월 27일 신군부는 무력으로 상무충정작전을 실행해 유혈 진압했다. 전두환은 노태우, 정호용 등과 함께 5.18 광주 민주화 운동 무력 진압 지휘체계의 실질적인 주요 핵심 책임자 및 조력자로 여겨지고 있다.

1995년 검찰 수사 결과, 전두환이 정식지휘계통에 불법 개입해 5.18 광주 민주화 운동을 강경 진압하도록 영향력을 행사했다는 것이 밝혀졌다. 하지만 그의 완강한 부인으로 인해 5월 21일 13시 전남

도청 발포 명령자는 알려지지 않고 있다. 5.18 광주 민주화 운동 당시, 학생과 시민들은 실권자였던 전두환을 겨냥해 '전두환 퇴진', '전두환 아가리를 찢어 죽이자' 등의 격한 구호를 외쳤다. 5.18 광주 민주화 운동이 대량 사상자를 내고 유혈 진압되면서 학생운동권의 반(反) 전두환 기운은 고조됐다. 당시 모든 언론은 민주화 운동을 폭도라 규정했고 전두환은 북한군 소행이라 주장했다. 이는 전두환의 명백한 거짓말이며 계엄 상황하에 언론을 통제하고 검열했기에 가능한 일이었다. 이때 '폭동'으로 규정한 언론 때문에 지금까지 5.18 광주 폭동으로 알고 있는 사람들이 많다. 심지어 전두환의 거짓말에 북한군 소행이라 믿는 사람도 적지 않다.

아직도 5.18 광주 폭동이라는 사람들에게 되묻고 싶다. "지금 당장 별 3개 중장급 장교가 군사반란을 일으켜 대통령을 쫓아내고 정권을 장악해도 박수 쳐 줄 것인가?" 깨어 있는 시민이라면 응당 반대하고 항의할 것이다. 그 과정에서 총에 맞아 사망하고 저항하다 생긴 일을 폭도라 매도해서는 안 된다. 불의에 숨어 침묵하는 사람보다 더 나쁜 게 불의에 항거했던 피해자들을 비난하는 것이다. 그래서 폭도라 비난했던 이재명도 한때 자신이 일베라 했던 것이다. 그는 진실을 알게 된 후 2차 가해를 한 자신이 부끄러워 삶을 통째로 바꾸기로 마음먹었다. 미국의 3대 대통령 토머스 제퍼슨은 "민주주의의 나무는 국민들의 피를 먹고 자라며, 민주주의는 국민들의 피와 땀과 눈물을 통해 이루어진다."라고 했다. 5.18 민주화 운동을 무력으로 진압한 전두환은 1980년 8월 27일 대통령직에 올랐다. 그 뒤로 헌법을 새로 만들어 1981년 3월 3일 선거인단에 의한 간접선거로 대통령직에 다시 올랐다. 이는 임기를 마치고 스스로 물러난 최초의 대통령이 됐다는 모습을 보여 주려 한 것이다. 계속 장기 집권을 노렸으나 1987년 1월 14일 박종철 군 고문치사 사건으로 일어난 6월 민주화 항쟁에 굴복하여 1987년 6월 29일 6.29 민주화 선언을 발표하고 1988년 2월 24일 퇴임했다.

대통령 직선제로 제13대 대통령으로 노태우가 당선되나 그 당시 부정선거 논란이 많았다. 공무원과 군인, 경찰 등을 동원하였고 투표를 마친 투표함을 운반하는 과정에서 바꿔치기한 의혹이 있었다. 또한 선거 전 KAL기 폭파 사건 또한 아직도 풀리지 않은 의문이 많다. 당시 미얀마 상공에서 추락했다는 정부의 발표와 달리 미얀마 안다만 해저에서 KAL 858기로 추정되는 기체가 발견되었다. 그 전에 찾았다는 KAL 858기 구명보트와 기체 파편은 화약흔이 발견되지 않았고 서둘러 폐기했다. 당시 야권 주자인 김대중과 김영삼의 표가 갈라져서 어부지리를 얻었다는 설도 있으나 이는 당시 민심과 많이 배치된다. 노태우 또한 12.12 군사반란의 주역이었기 때문에 힘겹게 치른 6월 항쟁에 반하는 것이다.

1993년 2월 24일 노태우가 퇴임하며 군사정권은 역사에서 사라졌다. 당시 대표적 야권 주자였던 김영삼이 삼당 합당으로 여당 대표로 출마해 제14대 대통령 선거에서 당선되었다. 1993년 2월 25

일 취임한 김영삼은 군사반란을 더 이상 하지 못하도록 군대 내 사조직인 하나회를 해체했다. 김영삼 정부는 당시 '민주정의당'과 '통일민주당' 그리고 '신민주공화당'이라는 3당 합당으로 야합이라는 소리를 들었다. 하지만 실질적인 민주 정부의 출발을 알렸다. 김영삼 정부였던 1995년에 전두환이 구속 기소되어 '내란죄 및 반란죄 수괴 혐의'로 1심에서는 사형을, 항소심에서 무기징역을 선고받았다. 노태우 또한 같이 기소되어 1심에서 무기징역을 선고받았으나 2심에서 22년 6개월로 감형되었다. 하지만 1997년 12월 22일에 사면·복권되었다. 사실 그에 대한 당시 국민적인 여론을 보면 1996년 12월 19일, MBC와 한국갤럽이 발표한 전두환 감형에 대한 여론조사 결과는 뜻밖이었다. 전국의 성인남녀 551명을 전화 여론 조사한 결과, 전두환 감형에 대해 적절했다는 대답이 44%, 부적절하다는 대답이 47.9%로 적절하지 않았다는 응답이 약간 더 많았다. 여권 주자로 출마했던 김영삼 정부의 태생적 한계인지 아님 뒷거래가 있는지 알 수는 없다.

  김영삼 정부 이후 최초로 야당 대표인 김대중이 1998년 제15대 대통령으로 당선된다. 이는 1945년 8월 15일 해방 이후 만 52년 만에 처음으로 여당 정부에서 야당 정부로 바뀐 것이다. 그 뒤로 2003년 제16대 대통령으로 노무현이 가까스로 당선되었다. 김대중 정부와 노무현 정부를 거치며 부정부패가 많이 줄었다. 하지만 검찰 개혁과 언론개혁을 시도하다 역풍을 맞았다. 특히 정치권은 노무현 NLL 발언을 두고 문제 삼았는데 이는 결과적으로 모두 거짓으로 드러났다. 하지만 이미 국회의원 선거에서 새누리당이 완전히 승리한 뒤였다. 이는 정치 공작이나 다름없다.

  노무현 정부 때 조중동 등 메이저급 언론은 노무현을 계속 공격했는데 과거 정권의 나팔수 역할을 자처하던 때와 완전히 다른 행보였다. 그들은 독재정권 때 정권을 비호하는 데 앞장섰다. 정부를 비판하는 언론은 살아남지 못하기 때문이다. 하지만 그 당시 자신들이 저지른 과오를 반성하지 않고 치부를 감추기 위해 잘못을 인정하지 않고 있다. 결국 2008년 제17대 대통령은 이명박이 당선되었다. 이명박은 4대강 사업으로 전국을 공사판으로 만들었다. 또한 뉴라이트 사상을 본격적으로 알렸다. 그나마 서울 시장 당시, 버스 환승제도와 청계천 복원 사업 등은 긍정적이다. 다만 신축빌라 전세대출 제도를 만들어 전세 사기의 시발점을 만들었다. 이는 박근혜, 문재인 정부를 거치며 신축빌라 시장을 아작 냈다. 국가가 저리로 대출을 해 주니 빌라를 살 필요 없이 너도나도 전세로 들어간 것이다. 빌라 업자는 매매를 못 해 매매가만큼 전세금을 올려 받아 깡통주택이 되었다. 빌라 가격이 오를 땐 상관없지만 하락할 때는 전세금을 돌려주지 못한 것이다. 또한 문재인 정부의 다주택자 규제 및 종부세 폭탄으로 임대 사업 시장을 교란하여 아사리 판이 되었다.

  2013년 제18대 대통령으로 박근혜가 당선되며 사이비 종교 논란이 일었다. 박근혜의 취임식에 오방낭이 등장한 것은 이와 무관하지 않은데 최태민이 만든 영세교와 관련이 있다. 또한 최태민의 딸인 최순실에게 국가 기밀을 넘겨주며 국정농단으로 탄핵되었다. 이로 인해 2017년 제19대 대통령은 야당인 더불어민주당(구 민주당)의 문재인이 당선된다. 2019년 중국에서 시작된 코로나바이러스로 전 세계에 전염병이 확산되었다. 이를 잘 극복하였으나 부동산 정책 실패로 뭇매를 맞았다. 또한 검찰개혁을 시도했다가 역풍을 맞았다.

  2022년 제20대 대통령으로 검찰총장 출신의 윤석열이 당선된다. 2022년 5월 10일 취임해 2024년 12월 3일 비상계엄을 선포했다. 그동안 영부인 김건희의 비리와 처가 비리가 끊이지 않고 나와 야당이 특검을 요청했지만 계속 거부권을 행사했다. 친위쿠데타에 실패하자 헌법재판소 변론기일에 "군인들이 부당한 지시를 따르지 않을 것이란 전제하에 비상계엄을 조치했다."라고 주장했다. 내란 수괴는 무기징역과 사형밖에 없기에 이를 피하기 위해 '엄포용 계엄'이라는 주장에서 나온 것이다. 자신이 행한 일에 조금이라도 책임질 생각이 없는 비겁한 행동이다. 윤석열의 부친 윤기중 연세대 명예교수는 파평 윤씨로 대대로 파벌싸움의 명문가였다(조선시대 대윤과 소윤). 한일 수교 직후, 일본 문부성 국비 장학생 1호로 선발되어 일본 히토쓰바시대학 대학원 경제학과에서 1966년부터 1968년까지 유학하여 박사 과정을 수료했다. 사사카와 재단이 연세대에 거금을 투척하기 전이었지만 관련되어 있을 수 있다. 대한민국 학술원 회원이기도 한데 이곳은 폐쇄적인 회원 선출 구조로 친일파 김환란도 초대 멤버다. 역대 회원 15명이 『친일인명사전』에 등재되었는데 평생 임기가 보장되며 매달 180만 원씩 받는다. 뉴라이트 연합이 개최한 한반도 평화를 위한 시국선언에 교육계 지도자로서 서명에 참여했다.

  매국 친일 청산을 하지 못한 결과, 친일파들이 반성은커녕 50년도 안 되어 건국절을 1948년으로 제정하여 개국공신이 되겠다는 발상까지 하고 있다. 이웃 국가와 친하게 지내는 것은 나쁜 게 아니다. 하지만 나라를 팔아먹은 것까지 봐준다면 어떻게 국가가 유지될 수 있나? 그동안 900회 이상 외세의 침략에 버틸 수 있었던 것은 선조들의 애국심 때문이었다. 그런데 울산 동구 주민은 "나라 다 팔아먹어도 새누리당이에요."라고 한다. 지금 당장 북한이나 중국과 전쟁이 나면 앞장서 싸우기는커녕 앞장서서 앞잡이 노릇을 하겠다는 것인지 묻고 싶다. 최소한 앞장서서 싸우진 못해도 국민을 배신하지 말아야 한다. 미국이 강대한 나라가 된 것은 국가를 위해 힘쓴 사람들은 유해까지 예를 갖추었기 때문이다. 친일(親日)이라는 한자의 뜻은 친할 친(親)이 아닌 '어버이 친' 자라 한다. 일본어의 오야지(親父), 오야붕(親分)은 아버지처럼 의지하는 사람이란 뜻이다. 그래서 친일파는 친구처럼 일본을 대하는 것이 아닌 어버이처럼 떠받들고 있는 것이다. 그래서 한국의 윤석열 대통령이 일본의 기시다 총리에게 머리를 조아리는 것이다. 따라서 친일파의 정의를 명확히 해야 한다.

  안중근의 동지였던 황준헌은 『조선책략』에서 '친일파'를 "일본을 의지하여 우리나라를 팔며, 일본을 의지하여 우리 황상 폐하를 능욕

하며, 일본을 의지하여 우리 동포를 학살하며, 잔인하고 악독하여 사람의 낯에 짐승의 마음을 가진 자."로 정의했다. 친일파와 같은 뜻으로 토왜(土倭)라는 말도 썼다. 1910년 대한매일신보는 '토왜'의 종류를 다음과 같이 나누었다. "① 일본과 각종 조약을 맺을 때 세운 공을 내세우며 이권을 얻기 위해 분주히 움직이는 자, ② 흉계를 숨긴 각종 성명을 내어 백성을 선동하는 자, ③ 일본군에 의지하여 남의 재산을 빼앗고 부녀자를 겁탈하는 자, ④ 일본군의 밀정이 되어 무고한 양민을 죽음으로 이끄는 자, ⑤ 일본으로부터 월급 받는 자로서 누군가 원망하는 기색을 보이면 허무맹랑한 말로 모함하여 참혹한 지경에 이르게 하는 자, ⑥ 일본어를 조금 안다고 가짜 채권을 꾸며 남의 재산을 탈취하는 자." 친일 고위 관료, 친일 언론인과 교육자, 일진회 등 친일단체 회원, 일본군 밀정, 기타 일본을 배후에 둔 사기 범죄자 등을 두루 '토왜'로 지목한 것이다.

  따라서 일본 식민 지배하에서 일했다고 다 친일파가 아니다. 친일파는 자신의 이익을 위해 동포에게 갖은 나쁜 짓을 저지른 사람들인 것이다. 지금으로 치면 자신의 영달을 위해 모함하고, 사기 치고, 고문하고, 사람을 해친 자들인 것이다. 1987년 박종철 고문치사 사건처럼 불법을 저질렀기에 그 죄를 물으려 한 것인데 이승만은 오히려 등용했다. 결국 나라를 위해 싸운 독립군은 죽거나 가난해졌고 악행을 저지른 친일파는 더 활개 치고 부자가 되었다.

  2013년 1월 상영된 이승만을 비판하는 다큐멘터리인 「백년전쟁」은 방송통신위원회의 제재가 있었으나 6년 만에 부당하다는 대법원 판결이 나왔다. 이승만이 독립운동을 한다며 사적인 권력욕으로 수많은 악행을 저지른 내용이다. 사람들의 기억에서 점차 잊히자 2024년 2월에는 「건국전쟁」이라는 이승만을 찬양하는 영화가 나왔다. 역사 강사인 황현필 씨는 "「건국전쟁」은 감추기와 거짓말을 하고 있다. 이승만의 업적 중 하나인 농지개혁은 오히려 그 반대"라고 한다. '한국농정' 신문에 나온 기사에 따르면 이승만은 농림부장관이었던 조봉암과 국회 소장파 주도의 농지개혁안 통과를 막았다. 하지만 시대적 요구였기에 미루고 미루다 수정한 누더기 법안으로 만들어 통과시킨 것이라 한다. 난 오래전에 우리나라 역사가 조작되었다는 얘기를 들었다. 일제가 한민족 말살 정책을 펴려면 역사를 왜곡할 수밖에 없었을 것이다. 지배계층이 피지배계층보다 못한 문화를 가졌으면 당연히 지배하기 힘들다. 그래서 우리나라 최고의 역사학자가 "우리나라 역사가 잘못됐다."라는 말을 했다는 얘기를 믿었다. 일제의 말을 듣지 않는 학자들은 다 퇴출되었을 테니 말이다. 역사를 가르칠 수 없다면 후대에 전해지지 않을 것이다. 일본 천왕이 백제의 후손이라는 것은 이미 한 번쯤 들었을 것이다. 그런데 일본인들은 이것을 드러내지 않고 철저히 숨기고 있다.

  한때 한민족의 상고사를 기록한 『환단고기』가 유행했다. 하지만 책을 기술한 시기가 19세기 말, 20세기 초이고 상고사를 날조한 위서라 한다. 이렇게 거짓인 역사 말고 진짜 역사를 후손들에게 제대로 전해 줘야 할 것이다. 더 이상 일본의 돈으로 연구한 역사가 아닌 국가 차원에서 철저히 고증한 역사를 후대에 널리 알렸으면 좋겠다. 어딘가 손길이 닿지 않은 고서들을 찾아 역사를 제대로 정립했으면 하는 바람이다.

너의 생각은?

　2000년대 초 미국에서 발생한 해면상뇌증에 감염된 소의 고기를 먹으면 변성 '크로이츠펠트야콥병'에 걸릴 수 있다는 것에 대한 심각한 우려가 있었다. 이를 광우병이라 했는데 이로 인해 미국산 쇠고기의 수입이 중단되었다. 2006년에 수입이 재개되며 '30개월 미만, 뼈를 제거한 고기'라는 조건을 달았다. 이에 광우병에 대한 관심과 보도가 증가했다. 2008년 초 미국에서 암소를 학대하는 동영상이 유포되었고 4월 18일에 '뼈와 내장을 포함한 30개월 이상, 대부분의 특정위험부위를 포함한 30개월 미만'의 미국산 쇠고기를 수입하는 협상이 체결되면서 이른바 '광우병 논란'이 일었다.

　광우병은 사실 인간이 만들어 낸 것이다. 초식동물인 소에게 동물의 부산물, 양이나 심지어 소의 내장 등으로 만든 사료를 섞어 먹인 것이다. 소의 성장을 촉진하기 위해 단백질을 공급한 것인데 뇌가 파괴되어 스펀지처럼 구멍이 뚫리는 신경질환을 유발했다. 소가 미친 듯이 포악해지고 정신 이상과 거동 불안, 난폭한 행동을 해서 광우병이라 했다. 이는 주로 4~5세의 소에 주로 발생했다. 이로 인해 세계 각국에서 미국산 소고기의 수입을 금지했다. 우리나라 또한 수입을 중지시켰다. 당시 공항에서 압류된 불법 휴대 육류를 소각하고 광우병의 위험과 유럽의 실태를 계속 보도했다. 결국, 소고기 기피증마저 생겨 식육점이나 쇠고기 전문점은 큰 타격을 입었다.

노무현 정부는 광우병에 대한 공포로 국민의 부정적 여론이 80% 가까이 되었지만 한미 FTA에 서명했다. 그 조건은 '30개월 연령 미만의 살코기'만 수입한다는 것이었다. 하지만 이로 인해 굴욕외교라는 많은 비난을 받았다. 그 뒤 이명박 정부로 바뀌며 '뼈와 내장을 포함한 30개월 이상, 대부분의 특정 위험 부위를 포함한 30개월 미만'의 미국산 소고기를 수입하는 협상이 체결되었다. 이에 논란이 폭발했고 2008년 4월 29일 「PD수첩」이 "미국산 쇠고기, 광우병에서 안전한가?"라는 방송을 했다. 방송 이후 사람들의 시위가 확산되었다. 급기야 촛불을 들고 나오며 대규모 시위로 이어졌다. 당시 2008년 4월부터 8월까지 4개월간 벌어져 사회적으로 큰 파장을 불렀다. 이에 이명박 정부는 30개월 미만 소만 수입하기로 방침을 바꾸었다. 그 뒤 이명박 정부는 「PD수첩」을 오역과 허위사실로 고발했다. 결국 재판까지 갔으나 무죄를 받았다. 언론보도는 공익성이 있으므로 허위사실이 포함되어 있다고 하더라도 허위인 것을 알면서 방송을 했다는 것을 입증하지 못하면 죄가 되지 않는다는 법리에 따라 최종 무죄 판결을 받았다. 즉 허위사실임을 알고서 방송했다는 것을 입증하지 못했다는 말이다.

　그 당시 미국의 한미 FTA(자유무역협정) 압박으로 인해 여론은 상당히 안 좋았다. 노무현 정부는 끝까지 30개월 미만을 지킨 것이고 이명박 정부는 미국의 요구를 거의 다 들어준 것이다. 하지만 촛불시위로 인해 30개월 미만으로 바꿀 수 있었다. 이때부터 이명박 정부는 언론의 중요성을 깨닫고 MBC와 KBS 등을 공격했다. MBC는 엄기영 사장이 물러나며 김재철 사장이 취임했다. KBS는 정연주 사장이 물러나지 않자 '특정경제범죄가중처벌법상 배임혐의'로 기소하여 해임시켰다. 하지만 4년 뒤 정연주 사장은 무죄와 해임 처분 취소 판결을 받았다. 과거사위는 "정 전 사장에 대한 (검찰의) 공소는 유죄 판결 가능성에 대한 타당한 이유가 없음에도 제기된 것"이라며 "적법한 공소권 행사의 범위를 일탈했다."라고 판단했다. 그러면서 "공소 제기 결정에 관여한 검사들 모두 배임죄 혐의 인정에 한계가 있었다는 점을 인식하고 있었다."라고 밝혔다. 무리한 기소였지만 결국 사장을 쫓아내는 데 성공했다. 당시 MBC와 KBS는 친정부 노선으로 바꾸며 정권의 나팔수 역할을 했다. 이에 MBC 노조는 2010년과 2012년 총파업을 했으나 실패했다. 파업에 참여한 사람들은 해고 또는 방송과 관련 없는 곳으로 인사 발령 되었다. 2012년 박근혜가 당선되며 MBC는 신규 채용 대신 경력직 기자와 PD, 아나운서 등을 대거 뽑아 기존 직원과 불화가 끊이지 않았다. 이는 경력직 대부분이 낙하산식으로 들어왔기 때문이다. 그 뒤로 박근혜 탄핵과 조기 대선으로 정권이 교체되며 MBC 블랙리스트가 밝혀졌다.

  이명박 정부는 종편(JTBC, MBN, 채널A, TV조선)에게 특혜까지 주며 보수언론사들이 방송까지 진출하여 더욱 큰 영향력을 행사하도록 했다. 심지어 TV조선은 두 번 연속 재승인 심사 기준을 충족하지 못했고, 채널A는 소속 취재기자의 강압 취재 파문이 터졌으나 조건부 재승인을 결정했다. 언론뿐 아니라 인터넷 검열도 이어졌다. 이뿐 아니라 군 사이버사령부와 경찰청 사이버수사대에도 정부 정책을 지지하는 댓글을 달도록 했다. 이는 2018년 경찰청 특별수사단 수사 결과, 경찰청 보안국 보안사이버수사대와 일선 경찰서 보안·정보·홍보 담당 경찰관 95명이 댓글공작에 가담한 사실을 확인했다. 이들 중 일부는 가족·친지 등 31명을 동원했고, 군 사이버사령부의 '악플러' 색출 전담팀인 '블랙펜' 분석팀 업무도 지원한 것으로 나왔다.

  이제는 광우병 시위를 광우병 사태, 광우병 선동이라 부르고 있다. 우리나라에서 한 명도 안 걸렸고 외국에도 걸린 사람이 없다는 것이다. 하지만 전세계적으로 27년간 232명이 감염된 것으로 나왔다. 걸린 사람이 없다는 것은 거짓말이고 우리나라에 걸린 사람이 없다는 것인데 광우병 시위로 인해 수입 조건을 '30개월 미만으로 바꾼 것'은 사실이다. 그러니 결과적으로 더 안전한 쇠고기를 수입하게 된 것은 분명하다. 그리고 광우병의 발병 원인을 찾았기에 발병률이 줄어들었을 것이다. 사실 광우병 시위의 본질은 따로 있다고 본다. 대다수의 국민이 반대할 때 이명박 정부는 국민의 뜻과 상관없이 정책을 결정했다. 즉 국민감정과 반대되는 결정이었기에 국민들이 들고 일어난 것이다. 그 당시 광우병 공포에 진보와 보수가 따로 없었다. 아무도 미래를 알 수 없다. 신이 아닌 이상 실수할 수 있고 잘못도 할 수 있다. 하지만 결과적으로 광우병 괴담으로 만들어 블랙리스트를 만들고 좌우로 갈라치기 했다.

기득권들은 "사실이 중요한 게 아니라 그렇게 믿게 만드는 게 중요한 것"을 알고 있다. 하나님을 받든다는 목사, 전광훈이 "하나님 까불면 나한테 죽어!"라는 말도 서슴지 않는다. 기독교 신도라는 사람들이 이 말을 듣고도 좋아 죽는다. 이 정도면 선전 선동이 아니라 가스라이팅인 것이다. 이승만 정권 때부터 정치에 기독교를 이용했다. 독실한 종교인이 아닌 종교를 가장한 정치 집단인 것이다. 박정희는 영세교 교주인 최태민의 도움을 받았다. 박근혜 정부 때 국정농단 최순실은 최태민의 딸이다. 이명박 때는 순복음교회까지 나서서 도왔다. 불교계에서는 조계종 자승스님이 윤석열을 지지하자 이를 비판한 명진스님이 승적을 박탈당했다. 자승스님은 2023년 화재로 숨겼는데 유서가 발견되어 국정원이 나서서 현장 점검을 했다. 민간인이 죽었는데 경찰이 아닌 국정원이 조사를 한다는 게 나는 이해가 안 된다. 현재까지 밝혀진 바로는 청와대가 자승스님 입적과 관련해 대공용의점을 의심해 국정원을 투입시켰다 한다. 하지만 뒷배는 자승스님과 친한 김건희가 타살 혐의를 의심해 벌인 것으로 보인다. 아니면 자살 원인을 숨기려 한 것일 수도 있다. 도무지 이해가 안 가는 점은 칠 장사 요사채에 휘발유를 뿌리고 자살한 것을 '소신공양'으로 둔갑시킨 조계종의 거짓말이다. 게다가 국정원 요원 70~80명이 번개같이 출동했다. 명진스님은 국정원이 경찰에게 CCTV에 찍혀 있으니 "수사하지 말라."라고 했다고 주장했다. 당시 자승스님은 윤석열 정권을 향해 "지금의 정치는 역대 독재정권 때보다도 더 치졸해졌어. 그리고 더 저질스러워졌어. 옳고 그름이 없어. 여야를 막론하고 네 편, 내 편 갈라서 내 편이 파렴치한 행위를 했어도 두둔하고 보호하는 데 앞장서. 그러면서 부끄러워하지 않아."라고 했다.

윤석열은 대통령 선거 시 사랑제일교회 전광훈과 신천지 이만희의 도움을 받았다. 신천지는 코로나-19 때 확산의 진원지로 지목되었으나 압수수색을 받지 않았고 윤석열이 불법 계엄으로 체포영장이 집행될 당시 가짜 뉴스를 퍼트렸다. 스카이데일리는 12.3 비상계엄 당시 수원 선거연수원에 계엄군과 주한미군 주일미군이 급습해 중국 국적자 99명을 체포했다는 보도로 극우세력의 지지를 얻었다. 하지만 주한미군은 사실이 아님을 표명했다. 애초 인터넷 커뮤니티인 디시인사이드 국민의힘 마이너갤러리에 올라온 "이봐, 소설은 소설로만 봐… 만약 중국인 해커들이 온다면 선관위 연수원에 머물 거야…."라는 글이 보수 유튜브 채널을 거쳐 스카이데일리에서 '중국인 간첩 99명 평택에서 오키나와 주한미군기지로 압송'했다는 기사로 바뀌어 광범위하게 퍼졌다.

스카이데일리는 2022~2023년 신천지를 적극 옹호하는 보도를 집중적으로 게재했었다. 따라서 스카이데일리가 신천지 계열이라는 의혹도 있으나 확인은 되지 않았다. 오히려 '천지일보'라는 종합 일간지가 있는데 신천지 전 신도들과 언론, 개신교 이단 연구자들은 이 신문이 '신천지예수교 증거장막성전'의 기관지라고 지적했다.

서부지방법원 폭동을 주도한 사람은 전광훈의 사랑제일교회 전도사였다. 서부지방법원 폭동은 윤석열이 체포되며 구속영장이 발부되자 불법시위를 벌이던 사람들이 법원을 습격·점거한 사건이다. 폭도들은 '국민저항권'을 부르짖었으나 이는 말도 안 되는 억지다. 비상계엄을 한 윤석열 자신도 헌법재판소 변론기일에서 "군인들이 부당한 지시를 따르지 않을 것이란 전제하에 비상계엄을 조치했다."라고 주장했다. 그런데 어떻게 내란수괴를 두둔할 수 있나? 계엄에 실패했기에 이런 말을 한 것이고 성공했으면 지금쯤 독재국가가 됐을 것이다. 저항권은 국가권력에 의하여 헌법의 기본원리에 대한 중대한 침해가 행해져야 한다. 그 침해가 헌법의 존재 자체를 부인하는 것으로서 다른 합법적인 구제 수단으로는 목적을 달성할 수 없을 때 하는 것이다. 이것은 마지막 헌법 보호 수단이자 기본권 보장의 최후 수단으로서 국민이 자기의 권리, 자유를 지키기 위하여 실력으로 저항하는 권리이다. 중대한 침해는 국가권력이 헌법의 개별조항이나 법률에 대한 단순한 위반이 아니라, 민주적, 법치국가적 기본 질서나 기본권 체계를 전면 부인 내지 침해하는 경우에만 행사 가능하다. 이는 윤석열의 불법 비상계엄으로 국회에 들어온 군인들을 국민들이 막아선 게 오히려 저항권이라 할 수 있다.

계엄 실패의 원인 중 하나가 이천에서 헬기가 뜰 때 진눈깨비가 날려 35분간 지연되었기 때문이라 한다. 또한 비행금지구역 진입 허가를 받는 데 30분이 걸려서 국회에 헬기의 진입이 늦었다고 한다. 그사이에 가까이 있던 시민들이 국회로 와서 군인들을 막았다. 맨몸으로 장갑차를 막은 시민들이 진짜 국민저항권을 행사한 것이다. 이는 1989년 중국 천안문 광장에서 홀로 탱크 행렬을 막아선 사람처럼 민주주의를 지키기 위한 행동이다. 외신은 이를 천안문 6.4 항쟁이라 하지만 중국 당국은 "천안문 사태"라고 하여 민주주의를 열망하는 평화 시위를 유혈 진압했다. 탱크를 동원한 중국군은 천안문 광장에 모인 20만 명이 넘는 중국 시민들을 향해 1시간 안에 떠나라 하고는 5분 뒤에 발포했다. 이로 인해 1만 454명이 사망하는 참변이 일어났다. 당시 중국적십자회는 사망자를 2,700명이라 했지만 미국 백악관 외교문서에는 중국 계엄부대 소식통을 인용해 1만 454명이 사망했다고 밝혔다. 천안문 민주화 운동이 널리 알려지게 된 계기는 CNN이 천안문 광장 근처 빌딩에 카메라를 설치해 전 세계에 중계했기 때문이다. 만일 CNN이 없었다면 중국 당국에 의해 '5.18 광주 폭동'처럼 '6.4 천안문 폭동'으로 세상에 알려졌을 것이다. 당시 시위의 지도자 중 한 사람인 우얼카이시 뒤라이티는 대한민국의 1987년 6월 항쟁이 천안문 6.4 항쟁의 표본이었다고 술회했다. 만일 군인들이 상관의 지시에 따라 시민을 향해 발포했다면 또다시 '5.18 광주 민주화 운동'과 '천안문 6.4 민주화 운동' 같은 유혈사태가 벌어졌을 것이다. 하지만 군인들 또한 국회를 마비시키는 게 불법임을 알았기에 태업을 했다.

사실 헌법이나 정의에 좌와 우가 어디에 있나? 하지만 일부 정치인들이 지역을 나누고 국민을 선동해 지지를 받으려고 하는 것이다. 그들은 국민을 개돼지로 보고 있기 때문에 시간이 지나면 또 찍어 줄 것을 알고 있다. 계엄 당시 국민의힘 김재섭 의원이 탄핵소추안 불참으로 지역 주민에게 욕을 먹고 같은 당 윤상현 의원에게 문자를 보냈다. 이에 윤상현 의원은 "욕을 먹어도 1년 후 국민들이 또 찍어 준다."라는 답신으로 비난을 받았다. 이후 유튜브 방송에 출연해 "재섭아, 나도 박근혜 대통령 탄핵하는 거 앞장서서 반대했다. 그때 나 욕 많이 먹었다."라며 "그런데 1년 후에는 다 '야, 윤상현이 의리가 있어서 좋아' 그다음에 무소속으로 가도 다 찍어 주더라."라고 말해 줬다고 밝혔다.

그런데 제18대 박근혜 대통령은 국정농단으로 탄핵됐지만 제20대 대통령 윤석열은 김건희의 국정농단과 더불어 내란수괴로 재판을 받고 있다. 민간인 김건희는 장관급만 지급되는 비화폰을 갖고 있다 했는데 비화폰은 쌍방이 써야 효과가 있다. 이는 장관급들과 은밀하게 통화하며 도청과 녹음을 방지한 것으로 보인다. 윤석열은 불법 계엄을 자행하고도 대통령의 권한이라 주장하고 있다. 구속이 되었어도 끝까지 자신의 주장을 굽히지 않아 계엄을 옹호하는 세력과 비판하는 세력으로 나뉘었다. 연예인조차 이에 자신의 의견을 피력했다. 가수 이승환 씨는 탄핵 촉구 집회에 참석했다는 이유로 구미시가 콘서트를 이틀 앞두고 대관을 취소했다. 이는 구미시장이 '정치적 선동 않겠다'는 서약서 날인을 요구하며 벌어진 일이다. 가수 나훈아 씨는 은퇴 무대에서 그는 자신의 왼팔과 오른팔을 들어 보이며 "왼쪽이 오른쪽을 보고 잘못했다고 생난리를 치고 있다. 이 얘기가 지가 지방 (대구)에서 한 얘기"라고 했다. 이어 그는 왼팔을 가리키며 "니는 잘했나!" 하고 외쳤다. 이는 가장 비겁한 발언이다. 내란을 지지하는 것은 아니나 민주당이 내란을 조장했다는 말과 같다. 강도 짓 하다 경찰서에 잡혀간 친구를 변론한다며 "피해자가 돈이 많아 생긴 일이다." "이 사람이 돈이 없었으면 친구가 강도 짓을 했겠냐?"라는 억지 논리와 다름없다. 그래서 양비론이 나오는 것이다.

역사 강사라는 전한길은 연봉 60억을 포기하고 자칭 애국보수라 주장했다. 그런데 나는 월급명세서를 보여 주지 않으면 가짜라 생각했다. 역사 강사란 사람이 정치질을 하듯 "모든 국민들은 이러한 불의한 재판관들의 심판에 승복하지 않을 것이다! 재판관이 사퇴 안 하면 국민이 헌재를 휩쓸 것"이라 했다. "선관위 때문에 비상계엄을 했고 좌파 판사들이 4명이나 있어 공정한 심판을 하겠냐?"라며 비상계엄을 정당화했다. 하지만 그도 비상계엄 다음 날 올렸던 영상에는 "비상계엄 선포가 가장 잘못됐다." 김건희의 비리가 드러나고 특검이 계속 압박을 하니까 한 거라는 주장을 했다. 전한길은 메가스터디 자회사인 '메가 공무원'이란 곳의 역사 강사였다. 공무원 시험을 준비하는 학원인데 4년간 누적 적자가 600억 원인 곳이라 한다.

2024년 12월 15일경 메가 공무원을 114억 원에 매각했다. 그러니 전한길이 연봉 60억 원을 받았다는 말은 믿기 힘들고 학원을 인수한 회사에서 재연장을 해 줄 리 없다. 그러니 소신을 빙자한 돈 때문에 이러한 발언을 한 것으로 보인다.

가수 김흥국 씨는 자신의 이익에 철저히 부응하지만 최소한 아닌 척, 거짓말은 안 한다. 김흥국은 해병대 전우회 부총재 당시 부당한 외압을 행사한 채상병 사건에 입을 다물었다. 해병대 수사단장이자 해병대 장교인 박정훈 대령은 부당한 명령에 항거하는 바람에 항명죄로 재판을 받았다. 업무상 과실치사 혐의를 받고 있던 임성근 전 사단장은 구명 로비 의혹이 불거졌고 박정훈 대령은 현재 1심 판결에서 무죄를 받았다. 또한 비상계엄에도 입을 다물었지만 여전히 윤석열을 지지하고 있다.

헌법과 정의에는 좌우가 없다. 하지만 과거 군사정권 시절엔 정부를 비판하면 빨갱이라는 낙인을 찍어 가뒀다. 이승만 정권 때는 정적을 빨갱이로 몰아 죽였다. 친일파, 정확히는 범죄자들이 자신의 죄를 회피하기 위해 정적을 제거하는 수단이 색깔론이다. 여러 각도에서 보지 못하게 한 방향으로 자신들이 원하는 방향으로 고착화시키는 수법이다.

물론 간첩이 없다고는 100% 확신할 수 없다. 하지만 북한과 국민소득이 역전된 1975년 이후, 간첩 사건은 재심을 통해 대부분 조작된 것임이 밝혀졌다. 최근 '김제 가족 간첩단' 사건의 유가족들은 재심을 진행했고 전직 경찰 이근안(86)의 고문이 드러났다. 김제 가족 간첩단 사건은 1982년 전북 김제에서 농사를 짓던 최을호 씨가 북한에 납치됐다가 돌아온 뒤 불거졌다. 최 씨가 조카 최낙전·최낙교 씨를 포섭해 함께 간첩 활동을 한 혐의를 받았다. 이근안은 서울 남영동 대공분실에서 40여 일 동안 이들을 고문하여 허위 자백을 받아 냈다. 최을호 씨는 사형을, 조카인 최낙전 씨는 징역 15년을 선고받았으며, 최낙교 씨는 검찰 조사 중 구치소에서 숨졌다. 이후 최을호 씨는 1985년 10월 사형이 집행되었고 최낙전 씨는 9년간 복역하다 석방된 뒤 극단적 선택을 했다.

　이에 유족들은 2018년 재심을 통해 고문과 가혹 행위로 인한 거짓 증거임을 밝혀냈다. 국가는 유족들에게 114억 원대 손해배상을 했고 이근안에게 33억 6천만 원의 구상권을 청구했다. 이는 2024년 7월 19일 자 연합뉴스 기사에 나온 내용이다. 이 사건이 발생한 1982년은 전두환 군부독재 시절이었다. 검찰이 제대로 수사하고 언론이 제대로 보도했다면 억울한 피해자들이 생기지 않았을 것이다. 한국 사회에서 '간첩', '빨갱이'라는 표현은 과거 독재정권의 레드콤플렉스에서 비롯된 대표적 혐오 표현이다.

　해방 후 이어진 독재정권은 분단 현실을 이용해 반공, 반북으로 국민을 통제하거나 반대하는 사람을 숙청하는 이데올로기로 내세웠다. 따라서 북한이나 공산주의만 언급되어도 무조건적 거부 반응을 보이는 경향이 사회 전반에 퍼졌다. 빨갱이 프레임만 씌우면 죽어 마땅한 사람이 되는 것이다.

1970~1980년대 많은 운동권 학생들이 독재에 반대하며 민주화 운동에 투신했다. 그 당시 민주화에 대한 열망은, 독재라는 거대한 부조리에 대항한 온 국민의 시대적 소명이었다. 각계각층에서 일어난 대한민국 민주화운동의 역사를 '주사파(주체사상파)'라는 딱지를 붙여 빨갱이 프레임에 가두려 했다. 주사파는 북한의 통치 이념인 주체사상을 추종하는 NL(민족해방파) 세력을 일컫는데 1980년대 이후 대한민국의 민주화 운동, 진보 운동권에 존재했다. 반미투쟁을 선동하고 친북적 영향력을 행사한다고 하는데 현재에도 존재하는지 모르겠다. 문제는 독재정권 이후에도 여전히 빨갱이, 주사파란 낙인으로 상대를 혐오하는 데 사용하고 있다.

근래엔 극우 보수단체에서 미국 국기와 이스라엘 국기를 흔드는 사람들이 많다. 미군은 한국전쟁 이후 북한 공산당을 몰아내고 남한의 안보를 책임져 주었다. 한국에 원조도 해 주며 근대화를 만들어 준 미국에 대항하는 세력은 곧 하나님을 대적하는 세력이라 생각한다는 것이다. 그러니 미국의 정책이나 이익에 반하는 사람들은 북한과 동일시해서 빨갱이라 한다는 것이다. 이와 다르게 미국의 민주주의, 자유, 인권 등의 가치로 상징되는 성조기를 흔들어 정치적 지지와 결속을 나타내는 행위라는 주장도 있다.

이스라엘 국기를 흔드는 이유는 기독교의 상징인 성경에 있다. 성경은 두 개의 파트로 나누어진다. 구약과 신약인데, 구약은 예수가 태어나기 전까지 이스라엘의 역사이고 신약은 예수의 생애와 말씀, 제자들의 기독교 전파에 대한 기록이다. 한국 기독교는 구약 이스라엘의 선민사상에 부러움을 가진다. 기독교는 그리스도교 즉 메시아를 숭배하고 섬기는 것이라 고대 이스라엘을 현대의 이스라엘과 동일시한다는 것이다. 다른 뜻으로는 초강대국 미국에 대한 동경과 그 미국의 일방적 지지와 보호를 받는 이스라엘에 대한 부러움도 섞여있어서 그렇다고 한다. 이스라엘은 오히려 팔레스타인을 학살하고 사실상 독재를 하고 있는 '베냐민 네타냐후' 정권에 대한 시위로 북한의 인공기를 흔들었다. 소위 전통을 옹호하며 조국과 민족을 최우선 가치로 여기는 보수라는 사람들이 남의 나라 국기를 흔드는 모습은 결코 좋아 보이지 않는다. 이들은 논리보다는 맹목적인 믿음과 적개심으로 국가기관이 종북좌파 반국가 세력에 장악되었다고 믿는다.

가수 이효리 씨는 한겨레 인터뷰 중 "저는 그런데 사실 진보가 뭐고 보수가 뭔지 잘 모르겠어요. 다만 편하게 강자 편에 서기보다는 불편함을 감수하고도 할 말을 하고 사는 것이 진보라고 한다면 좀 어렸을 때부터 그런 성향이 있었어요. 왜 나는 좌효리라고 불릴까. 자기 생각을 밝히면서 다 같이 사회에 관심을 갖자고 말하고 돈보다 생명이 먼저라고 말하면 좌인가? '그럼 나는 좌가 맞는 것 같은데'라고 생각했죠."라고 했다. 이렇게 할 말 다 하고 살아서 그런지 이효리도 블랙리스트에도 올랐었다.

노벨 문학상을 받은 '한강'은 5.18 등 독재정권이 싫어하는 민감

한 소재를 건드렸으니 당연히 블랙리스트에 올랐을 것이다. 하지만 난 기생충으로 아카데미 작품상을 받은 봉준호 감독이 「괴물」로 블랙리스트에 오른 건 이해가 안 된다. 그 이유가 '반미 및 정부의 무능을 부각, 국민 의식 좌경화였다.' 미군이 한강에 몰래 버린 독극물을 먹고 자란 게 괴물이었다. 그래서 미군을 적으로 만들었다? 블랙리스트에 올랐다는 얘기를 듣고야 이 사실을 알았다. 박찬욱 감독이 만든 「공동경비구역 JSA」도 '북한을 동지로 묘사, 국민의식을 좌경화'했다는 이유로 명단에 들어 있다. 「오징어 게임」을 만든 황동혁 감독도 「도가니」로 블랙리스트에 올랐다. 도가니는 '공무원, 경찰을 부패, 무능한 비리 집단으로 묘사, 국민에게 부정적 인식을 주입'했다는 것이다. 자칭 보수라 하는 이명박근혜 정부하에서 「오징어 게임」은 또 다른 블랙리스트 대상이었을 것이다. 정부의 무능을 부각하고 도박을 조장하는 영화일 테니 말이다. 양우석 감독의 「변호인」이나 정지훈 감독의 「부러진 화살」, 김지훈 감독의 「화려한 휴가」도 정치 편향적 작품으로 블랙리스트에 올라 있다. 반면 이승만을 찬양한 김덕영 감독의 「건국전쟁」은 절대 블랙리스트에 올리지 않을 것이다.

　블랙리스트는 국민의 세금으로 먹고사는 공무원이 언론과 사상의 자유를 침해한 중대한 범죄인 것이다. 특검은 "세월호 참사와 같이 국민의 희생을 추모하는 의견을 낸 것조차 블랙리스트에 올렸다."라며 이는 이념적인 것이 아니라 정파적인 것이라 했다. 블랙리스트는 2017년 박근혜 정부 때 밝혀졌으며 김기춘 비서실장과 조윤선 장관이 몸통으로 나왔다. 당시 김기춘 비서실장과 김종덕 문체부장관은 부당한 지시를 따르지 않은 문체부 공무원 최규학, 김용삼, 신용언 실장에게 사직서를 제출하도록 강요하기도 했다. 이명박 정부 때도 방송 장악을 위해 연예인 블랙리스트를 만들어 정권을 비판하는 사람들을 퇴출시켰다. 이때는 박근혜 정부와 달리 국정원이 주축으로 움직였다. 공무원들을 동원해 댓글 부대까지 만들었기에 더 악랄했다.

 우리 회사에도 한때 블랙리스트가 있다는 소문이 돌았다. 나는 직장에 다니던 2006년경 잠시 노조 활동을 했다. 가장 말단 조직인 분회장을 했으니 회사 블랙리스트에는 오르지 않았을 것이다. 오래돼서 정확하진 않지만 당시 우리 지부는 분회장과 대의원이 8명 정도 됐다. 조합 활동에 관심이 없는 분소는 조합원이 돌아가면서 분회장을 맡기도 했다. 그때 자의 반 타의 반 분회장 활동을 했는데 일부는 사측 관리자인 분소장이 지명해서 활동하기도 했다. 회사 설립 초기엔 노조 활동을 하면 근무 평가를 중간 이하로 받지 않게 했었다. 노조 활동 때문에 근평에 불이익을 받지 않도록 한 것이다. 노사 간 합의인지, 관행이었는지 모르지만 내가 분회장을 했을 때는 그 제도가 없어졌다. 어쨌든 조합원을 위해서 노조 활동을 하는 사람은 별로 없다. 대부분 자신의 이익을 위해서 움직였다. 2010년 타임오프제가 도입되며 임금손실 없이 근무시간으로 인정받는 조건이 까다로워졌다. 그래도 노조를 핑계로 제대로 근무를 안 하는 사람도 있었다. 조합원들은 대부분 소문나는 것을 싫어했다. 불이익을 당해도 공론화가 될 것 같으면 조용히 덮으려는 경향이 있었다.

 노조 활동을 하면서 많은 것을 배웠다. "앞에서 보이는 게 다가 아니다." 노조도 정치하듯 서로 라인이 있어 세력 간 다툼도 있다. 노조에서 노사 간 갈등을 조합원에게 제대로 설명하지 않거나 정확하게 전달하지 않을 수 있다. 아니면 그 내용을 왜곡할 수도 있다. 그래서 파업 찬반투표도 조합원이 아닌 노조집행부에서 원하는 대로 흘러가는 경우가 대부분이다. 노조 간부가 관리자와 싸워도 실제로는 친하게 지내는 경우도 많았다. 심지어 사장실을 점거하는 것도 일종의 보여 주기 식 전술일 수 있다. 실제로 사장실을 점거했던 노조 간부에게 훗날 직접 들은 얘기다. 이만큼 했는데도 불구하고 합의를 할 수밖에 없었다고… 그러면 조합원들은 어쩔 수 없다며 체념하게 된다. 노조 집행부에 따라서 '조합원들이 이용당할 수 있겠다'는 생각을 했다. 정치도 마찬가지다. 방송에 나온 진보 패널과 보수 패널이 토론하며 앙숙같이 싸워도 방송이 끝나면 잘 지낸다.

 수많은 정치인들이 국민을 위한다며 자신의 사리사욕을 채우고 있다. 그래서 국민은 안중에도 없고 당리당략에 매몰되어 있다. 이들은 자신에게 유리한 법안을 만들고 자신을 후원해 주는 사람들의 의견을 따른다. 가령 의사단체가 강하다 보니 의사단체에 불리한 법안을 만들지 않는다. 한의원에서 엑스레이를 촬영하지 못하는 것도 다 그런 이유다. 의료법 37조 '진단용 방사선 발생장치에 관련된 내용'과 '진단용 방사선 발생장치의 안전관리에 관한 규칙'에 의해 의료기관

개설자가 시군구청에 신고 후 사용하도록 되어 있다. 의사만 가능하고 한의사는 안 된다는 내용이 명기되어 있지 않음에도 판례에 따라 한의사가 사용하면 처벌받게 돼 있다. 근거는 사회통념과 보건복지부 판단에 의해 엑스레이 촬영은 한의사의 면허 범위 이외의 의료행위로 보기 때문이다. 다만 2022년·2023년 연이은 법원 판결로 한의사의 초음파 진단기기, 뇌파 진단기기의 사용 가능성은 열렸다. 한의사 또한 의료인이고 국민편의를 위해 엑스레이 같은 진단 장비를 사용할 수 있게 허용해야 하는 게 맞다고 본다. 하지만 현실은 힘의 논리에 항상 밀린다. 안전상비의약품을 약국 이외의 장소에서 판매할 수 있도록 하는 「약사법」 개정안이 통과된 것은 약사단체가 의사단체보다 힘이 약하기 때문이다. 법 개정 이후 2012년 11월부터 해열제, 감기약, 소화제 등의 가정상비약을 24시간 운영하는 편의점에서도 구입할 수 있게 되었다.

　미국에서 들어온 운송 네트워크 기업 우버도 한국에서 밟혔다. 우버는 차량을 보유한 일반 운전자와 승객을 중개하여 승객이 요금을 지불하고 기사를 통해 수수료 이익을 얻는 방식의 서비스다. 하지만 택시 기사들의 반발로 일반 운전자와 승객 간 중개가 아닌 택시 기사와 승객 간 중개 서비스로 바뀌었다. 택시 업계가 "영업용 차량이 아닌 일반 차량으로 승객을 무허가 운송한다."라며 우버를 고발했기 때문이다.
　우버뿐 아니라 카풀 서비스도 마찬가지다. 2017년 스타트업 플러스는 유연근무가 확산되자 카풀 운영 시간을 24시간으로 늘리려다 택시 업계와 충돌했다. 카카오모빌리티도 차량 공유 스타트업을 인수해 카풀 서비스를 시작하자 택시 단체의 대규모 시위가 벌어졌다. 결국 2019년 당정이 나서 카카오모빌리티·택시 업계와 '사회적 대타협 기구'를 만들고, 카풀 시간을 평일 아침과 저녁으로 제한하면서 갈등이 일단락됐다. 당시 대타협 기구가 택시 기사 처우 개선책으로 약속한 것이 택시 월급제였다.

이후 나타난 렌터카 기반 차량 호출 서비스 '타다'도 마찬가지다. 타다는 11~15인승 승합차를 단체 관광용으로 임차하면 운전자 알선을 예외적으로 허용한 여객자동차 운수사업법 조항을 이용한 새로운 운송 서비스였다. 2018년 당시 승차 거부 없고, 기사가 승객에게 말을 걸지 않는 친절한 서비스로 입소문을 타며 9개월 만에 이용자 100만 명을 기록했다. 택시 업계는 '타다는 불법 택시'라며 다시 들고 일어났고, 정치권까지 호응하며 결국 2020년 일명 '타다 금지법'이 통과됐다. 모빌리티 업계에서는 타다 금지법이 사실상 한국 모빌리티 혁신 사망 선고를 내린 것으로 보고 있다. 한국에서는 국민들의 편의가 아닌 특정 단체의 이익과 반하는 사업을 할 수가 없다.

우리나라 법관은 퇴직 후 바로 변호사를 할 수 있는데 문제는 자신이 법관으로 재직하며 근무했던 곳의 사건을 맡는 경우다. 이를 전관예우라 하는데 재판의 공정성에 대한 신뢰를 떨어뜨릴 수 있어 변호사 개업지와 수임을 제한하고 있다. 하지만 별다른 활동 없이 고액의 수임료를 받기에 몰래 변론을 하다 적발되는 경우도 있다. 공공연하게 수임료의 액수에 따라 형량이 바뀔 수 있다는 점은 누구도 부인할 수 없다. 그렇지 않으면 변호사 개업 후 1년 안에 적게는 수십억 원 많게는 백억 원이 넘는 수익을 올릴 수 없다.

우병우 전 민정수석의 경우 3건의 수임료가 10억 원이 넘는다. 길병원의 비리 혐의 사건의 경우, 착수금 1억 원에 성공보수 2억 원을 받았다. 수사가 확대되자 길병원 측은 이 상태에서 마무리될 수 있게 해 달라 했고 우병우는 3개월 안에 끝내 준다 했다. 결국, 이길여 회장까지 검찰 수사가 확대되지 않아 자신의 힘을 보여 주었다. 우병우는 사건에 관련하여 변호인단 회의에 참석조차 하지 않았고, 사건 자료 검토나, 의견서 제출, 수사 기록 열람도 하지 않았다. 그는 수사 발표 일주일 전에 인천 지검을 방문해 최재경 지검장을 한번 만난 게 다였다. 선임계 없이 사건을 수임하고 변호사 활동은 거의 없었기에 검찰에 고발되었지만 무혐의 내사 종결되었다.

우병우 전 민정수석의 재산은 393억 원으로 1년간 변호사 활동기간 소득은 62억 원이었다. 그런데 변호사 수임 내역을 한 번도 신고하지 않았다. 그래서 탈세 의혹을 받았지만 수임 계약서 없이 변호했다면 밝히기 힘들다. 노무현 대통령을 수사했던 특수통 검찰 출신 홍만표는 변호사 개업 후 16개월 동안 110억 원의 수익을 올렸다. 검사장 출신인 홍만표는 법조 비리 의혹을 받았으나 전관예우가 없었다는 결론이 났다. 하지만 수사 지휘 라인과 접촉했고 검찰 측과 20여 차례 통화도 했다. 검찰은 "로비 자금 3억 원은 받아 갔지만 실제

로비는 실패했다."라고 했다. 정말 그 사람의 실력이라면 수익이 계속 유지돼야 한다. 하지만 전관예우를 해 주는 딱 1년 정도만 반짝 버는 것이다.

  별장 성 접대 의혹을 받았던 김학의 전 법무부 차관은 CCTV에 얼굴이 선명하게 나왔음에도 9년 만에 알아볼 수 없다고 무죄가 나왔다. 별장 성 접대 사건은 건설업자 윤중천이 자신의 별장에 전현직 고위층을 초대해 성을 대가로 로비한 사건이다. 이곳에서 찍힌 CCTV에는 김학의를 포함해 전현직 고위급 관료와 전직 국회의원, 병원장, 언론사 간부들이 있었다.
  이 사실이 들통난 이유는 윤중천의 아내에게 간통죄로 고소당한 여자가 역으로 강간 혐의로 고소하여 알려지게 되었다. 영상이 워낙 고화질이라 영상 속 남자가 김학의가 명백하고 음성 전문가인 모 교수도 김학의와 95% 동일하다는 의견을 제출했다. 하지만 검찰은 시간을 끌어 2022년 8월 11일, 대법원에서 성 접대, 금품 및 뇌물수수 혐의에 대해 공소시효 완성과 증거 부족을 이유로 무죄를 선고했다. 김학의는 2013년 3월 21일 법무부 차관직에 임명된 지 6일 만에 사건이 불거져 전격 사퇴했고 수사는 9년 만에 마무리되었다.
  2023년 10월 자 투데이신문에 나온 기사에는 지난 10년간 판검사가 피의자로 입건된 사건 중 0.05%만 정식 재판에 넘겨진 것으로 나온다. 특히 2022년의 경우, 1만 621건이 접수되었지만 정식재판 회부는 단 한 건도 없었다. 법무부 자료에 의하면 판검사 피의자 입건 사건은 지난 10년간 총 4만 6,174건 중 24건만 재판에 넘겨졌다. 3만 6,077건(78.1%)은 불기소 처분을 받았고, 3,981건(8.6%)은 보완수사·타관 이송 등 기타 처분을 받았다. 정식 재판 없이 벌금형 등을 선고하는 약식기소도 14건(0.03%)이었다. 2022년 판사가 피의자로 입건된 사건은 4,812건으로, 이 중 기소·불기소 등 법적 처분이 내려진 사건은 4,792건이다. 그러나 이 가운데 정식재판에 회부된 건은 없었다. 검사가 피의자로 입건된 사건 또한 총 5,809건으로 법적 처분 건은 5,694건이며 정식재판에 넘겨진 사건은 없었다. 이는 일반 국민을 포함한 전체 형사사건과 비교하면 터무니없는 차이다. 2022년 검찰이 처분한 형사사건 146만 3,477건 중 기소된 사건은 60만 8,836건으로, 기소율이 41.60%에 달했다. 불기소처분은 49만 8,582건(34.07%)이었다. 사실 검사가 수사권과 기소권을 갖고 있어 판사보다 검사의 기소율이 더 낮다.

   법조계뿐 아니라 다른 국가기관 공무원들의 전관예우도 심심치 않게 벌어지고 있다. 한전의 경우 퇴직자 단체 자회사에 27년간 일감 몰아주기와 불법 파견이 있었다. 특히 수의 계약을 통해 일감을 몰아준 이후 직접 업무 관련 지시를 하고 한전의 매뉴얼과 규범을 따르도록 강요했다. 도서 지역 전력공급 사업 역시 국가 필수 공익사업으로 민간에 위탁할 수 없다. 그런데 직접 수행하지 않고 전우회가 100% 지분을 소유한 회사인 JBC에 하청을 줘서 운영하도록 했다. JBC는 전체 임원 10명 중 8명이 한전 출신이고 10년간 매출

8,328억 원의 96.1%인 8,006억 원이 한전과의 계약이었다. 도로공사 또한 마찬가지로 민간업체와 맺는 사업협약서에 사실상 전관 고용을 합리화하는 조항을 2013년부터 신설해 계약을 맺어 왔다. 실제로 도로공사 출신 직원들 가운데 지난 2016년부터 5년 동안 3급 이상 퇴직자 122명이 도로공사와 계약을 맺었던 기업에 재취업했다는 사실도 논란의 대상이 됐다. 도로공사 전체 퇴직자 223명 가운데 54.7%가량이 계약업체에 재취업을 한 것으로 나타났다. 이는 한국토지주택공사(LH)의 계약업체 재취업자 50.3%를 초과한 수치다.

고속도로 휴게소 역시 한국도로공사가 관리한다. 민간 위탁 운영사를 선정하고 수익의 일부를 도로공사가 가져가는 방식이다. 매출이 높은 휴게소 일부는 도로공사 퇴직자 모임 '도성회'가 운영권을 갖고 있다. 도로공사는 도성회에 30년 넘게 상위 매출 휴게소 일부의 독점 운영권을 부여하고 있는 것으로 알려졌다. 도로공사 퇴직자들이 결성한 '길사랑장학사업단'에 대해서도 질타가 이어졌다. 길사랑장학사업단은 고속도로 교통사고 유자녀 지원을 목적으로 고속도로장학재단이 65%, 도로공사 노조가 35%를 출자해 설립됐다. 하지만 길사랑장학사업단은 실제로 편의점 운영 등으로 수익 사업을 하며 본래 설립 취지인 장학이나 기부 활동은 미흡한 것으로 나타났다.

한국토지주택공사(LH)는 전관예우를 원천 차단하기 위해 "고위 전관이 취업한 업체는 LH 사업에 입찰을 할 수 없게 한다."라는 혁신안을 내놨다. LH는 2023년 3월, LH 검단지구 주차장 붕괴 사고로 2,000억 원 넘는 손해를 입었는데도 해당 감리사와 계약을 그대로 유지하고 있을 뿐 아니라 손해배상 청구도 하지 않았다. 이 사고는 부실 설계와 부실시공 문제로 일어났는데 감리사들이 감리를 제대로 하지 못했기 때문이다. 따라서 LH는 감리를 소홀히 한 감리사의 책임을 철저히 추궁해야 하지만 LH는 2024년 10월 현재 감리회사에 대한 손해배상 청구를 하지 않고 있고, 계약서상 존재하는 보증보험 청구도 하지 않고 있다. 심지어 감리 회사에 대해서는 사고가 발생한 지 1년 6개월이 지났지만 계약 기간이 남았다는 이유로 계약해지조차도 하지 않았다. 이들 감리 회사는 모두 LH 퇴직자들이 있는 전관 회사로 알려져 있다. LH는 부실시공 전관 업체들에 대해 배제 방침을 밝혔으나 일부 업체들은 법적 허점을 노려 소송 등으로 무력화하고 계속 사업을 수주해 온 것으로 나타났다.

세무사의 전관예우도 있다. 2018년 한 전자담배 대표는 20억대 매출을 누락한 혐의로 유죄판결을 받았다. 수십 억대 탈세를 했는데 서류상의 대표만 처벌받고 사실상의 실소유주는 빠져나간 일이 있었다. 실소유주는 누가 운영할지 결정할 수 있는 권한을 갖고 있는 것으로 보이고 매출의 70%를 지급받았다. 하지만 국세청 간부 출신 세무사가 관여되어 탈세 사건 고발 권한을 가진 세무 당국이 처음부터 고발 대상에 포함하지 않았다. 억대 연봉을 받는 전관 5명 중 1명이 국세청 출신이라 한다. 전관예우 비리로 3년간 관련기관 취업을 막은 금감원도 마찬가지다. 출범 초기부터 금융감독원에 재직하며 일반은행 검사국장을 지낸 A는 퇴직 후 콜센터업체 대표로 가서 4년 뒤 하나은행 상임감사가 되었다. 금감원의 영향력이 미치지 않는, 이른바 쿠션 기관에 들른 뒤 결국 금융권으로 가는 것이다. 2011년 법 개정 후 10년간 5대 은행 상임감사 19명 중 15명은 쿠션 기관을 거친 금감원 출신이라 한다. 이렇게 법의 허점을 노린 전관예우가 일상화되어 있다. 기획재정부 출신의 공무원들은 산하 4개 외청 고위직의 20%를 차지하고 있다. 재정부에서 승진 전 통계청, 조달청, 관세청, 국세청 등으로 옮겨 가는 것이다. 또한 퇴직 후 억대 소득을 올리는 전직 공무원들 중 기획재정부 출신이 가장 많은 것으로 나타났다. 결과적으로 자신들이 관리 감독했던 민간 회사로 재취업해 각종 특혜를 받는 것이다.

나는 한국이 6.25 전쟁으로 최악의 후진국에서 선진국으로 도약한 이유를 백지상태에서 시작했기 때문이라 본다. 도시가 오래되면 낡아지고 볼품없어지게 된다. 사람들의 욕구에 따라 결국 신도시를 짓게 된다. 하지만 구도시를 개발하는 것보다 빈 땅에 새로 짓는 신도시 개발이 상대적으로 비용이 적게 든다. 그러다 보면 신도시로 사람들이 몰려가고 구도시는 점차 쇠락한다. 대한민국은 6.25 전쟁 이후 아무것도 없는 도화지 같은 백지상태에서 모든 게 건설되었다. 그러다 보니 도심을 리모델링하는 게 아니라 그냥 아무것도 없는 상태에서 건설을 하게 되었다. 그리고 형편이 다 비슷했을 테니 부당한 개입이 덜했을 것이다. 뭐든 오래되면 부패하고 썩는다. 그래서 서양이나 동양에서도 조선 왕조처럼 500년이 넘는 왕정을 가진 나라는 드물다. 어떤 나라든 흥망성쇠가 반드시 일어났다.

나는 계엄 사태 이후 '대한민국의 성장이 여기서 꺾이느냐 아님 한 번 더 도약하느냐'의 기로에 선 느낌을 받았다. 인간들이 사는 세상은 다 똑같다. 어떠한 직업이든 기득권이 생기면 뭐든 진입장벽을 만든다. 반대로 진입장벽이 없는 직업은 그만큼 수익이 낮아 별 메리트가 없는 것이다. 따라서 전관예우도 기득권을 가진 자들이 최고 정점에서 진입장벽을 만든 것이다. 이를 뛰어넘기 힘드니 요즘 젊은이들이 흙수저론을 들먹이며 불평등을 외치고 있다. 이를 수저계급론에 빗대어 말하지만 어쩔 수 없다. "너희 아버지가 누구냐?"에 따라 자신의 미래가 결정되는 것이다. 아버지가 사업가면 그 사업을 이어받을 수 있고 남보다 더 공부할 수 있는 기회가 주어진다. 아니면 아예 평생 일 안 하고 놀기도 한다. 의사 아들이 의사가 되려 하지 비렁뱅이 아들이 의사가 되려 하지 않는다. 의사 아들은 아버지를 본받아 의사가 되려 할 것이고 비렁뱅이 아들은 아버지를 미워해도 비렁뱅이가 될 것이다. 그게 싫다면 뼈를 깎는 노력을 해야 한다. 그래서 자수성가한 사람을 흔히 "개천에서 용 난다."라고 했다. 그런데 요즘은 예전만큼 자수성가가 힘들어졌다. 그러다 보니 많은 젊은이들은 시작도 하기 전에 포기한다. 소셜 미디어에서 남들의 화려한 모습만 보고 스스로 열등감에 사로잡히기도 한다. 불평등이 점점 심해지면 결국 그 사회는 망하게 된다. 하지만 언제 망할지? 알 수 없으니 망하길 기다리지 말고 스스로 탈출해야 한다.

1955년 하와이 카우아이섬에서 40년간 종단연구 실험이 있었다. 종단연구는 특정 현상이나 대상에 대하여 일정 기간 동안 측정을 되풀이하는 연구 방법이다. 시간 변화에 따라 각종 변수의 변화 상태를 파악하여 변화가 일어난 원인을 분석하는 기법이기 때문에 어떤 현상의 추세를 알고자 할 때 주로 이용된다. 카우아이섬은 당시 '지옥의 섬'이라 불릴 만큼 섬 주민 대다수가 범죄자나 알코올 중독자 혹은 정신질환자였다. 한 인간으로 태어나 모든 불운을 겪은 아이들은 성인이 되어도 문제를 일으킬 것이라 예상했다. 따라서 아이가 태어나 어른이 될 때까지 어떠한 삶을 살 것인지 연구하기 위해 신생아 833명을 계속 조사하는 사회과학 역사상 가장 야심 찬 프로젝트 중 하나였다. 이 섬에서도 가장 열악한 환경에서 자라난 201명을 조사한 결과, 예상대로 129명은 사회 부적응자가 되었지만 72명은 매우 바람직한 모습으로 성공했다. 밝게 성장한 아이들의 공통점은 주변에 '아이의 입장을 무조건적으로 이해해 주고 받아 주는 성숙한 어른이 적어도 한 명은 있었다'는 것이다. 그래서 참을성과 판단력, 남들을 존중하는 성인으로 자라났다.

이때부터 인간관계의 중요성이 수면으로 떠올랐는데 가장 중요한 것이 '소통과 공감'이라 한다. 그런데 윤석열은 이 소통을 강조하며 정권을 잡았다. 문재인 정부의 소통 불능을 탓하고 정권을 잡았어도 계속 전 정부 탓을 했다. 하지만 정작 본인이 소통과 공감을 하지 못해 자신의 말을 안 듣는 사람을 모두 수거하기로 한 것이 비상계엄이다.

나는 검찰총장 청문회 과정에서 그의 안하무인 하고 내로남불의 모습을 봤다. 1980년대에 머물러 있는 사고방식과 남에 대한 공감 능력이 전혀 없어 '나만 정의'라는 태도였다. 전두환을 가장 존경한다는 말에 이미 독재국가를 꿈꿨을지도 모른다. 우리는 미디어에서 마사지한 영상이 아닌 그대로 보여 주는 모습을 보고 판단해야 한다. 역대 독재정권은 자신들의 말을 듣지 않는 언론을 살려 둔 적이 없다. 언론에서 자기들 입맛대로 손대지 않은 청문회나 국정감사, 헌법재판소에서 중계하는 모습 그대로 봐야 한다. 그래야 그들의 거짓말을 파악할 수 있다.

노무현 대통령은 "정치에 관심을 갖지 않게 되면 나보다 열등한 사람들의 지배하에 살아갈 수밖에 없다. 언제나 깨어 있어야 한다."라고 했다. 영화 「매트릭스」에서 모피어스가 네오에게 빨간 알약과 파란 알약을 선택하도록 한다. "불행히도 매트릭스는 말로 설명할 수 없기에 직접 봐야 한다⋯ 진짜 현실 같은 꿈을 꿔 본 적 있나? 그런 꿈에서 깨어날 수 없다면? 그것이 꿈인지 생시인지 어떻게 알 수 있지? 진짜란 게⋯ 진짜란 두뇌가 해석하는 전자 신호에 불과해, '매트릭스는 통제야!' 진짜 현실 같은, 매트릭스는 컴퓨터가 만든 꿈의 세계야. 우릴 통제하기 위한 거지."

우리의 뇌는 기본적으로 변화를 싫어하고 익숙한 것을 좋아한다. "이렇게 하면 적어도 죽지 않는다."라는 생존 본능 때문이다. 그래서 오랜 기간 불안하게 지낸 사람에게는 불안이, 우울하게 지낸 사람에게는 우울이 표준 감정이 된다. 익숙해진 감정을 유지하려 하고 낯선 감정은 빨리 잊으려 하기 때문이다. 감정을 느끼지 못하는 것도 감정 습관이며 불안은 교감신경계를 흥분시키는데 불안이 지속되면 뇌는 이 상태를 정상으로 인식한다. 하지만 익숙해진 흥분을 유지하기 위해 불안과 비슷한 강한 자극을 찾게 된다. 그에 상응하는 자극은 분노이기에 불안 대신 분노를 표출하게 된다. 스타들은 무대 위 극도의 쾌감에 익숙해져 있기 때문에 자극이 지속되지 않으면 쉽게 우울증에 빠진다.

따라서 급작스러운 변화보다는 작은 단계의 변화와 점진적인 적응이 중요하다. 그냥 조금씩 하루하루 뭔가 하다 보면 결과가 나온다. 티베트에서 중국의 침략을 피해 여든 살이 넘은 스님 한 분이 히말라야를 넘어 인도에 갔다. 사람들은 놀라서 스님에게 물었다. "어떻게 험난한 히말라야산을 장비 하나 없이 맨몸으로 넘어올 수 있었습니까?"라고 묻자 스님은 "한 걸음 한 걸음 걸어서 왔지요."라고 대답했다. 아무리 삶이 암울해도 좌절하지 말고 조금씩 조금씩 앞으로 나아가는 수밖에 없다. 그렇게 하지 않으면 존 고다드의 할머니와 숙모처럼 느지막이 후회할지 모른다. 이러한 나의 생각이 틀릴 수 있다, 그럼 너의 생각은?

글을 마치며

  이 글을 쓰게 된 계기는 내 주변에 있는 두 사람 때문이다. 한 사람은 임대사업 동업자인 김경만 대표이고 다른 한 사람은 내 아들이다. 김 대표는 5.18 광주 민주화 운동을 아직도 북한군 소행으로 철석같이 믿고 아들은 역사적 사실을 모른 채 일본을 좋아하고 있다. 둘 다 거의 일베 수준의 역사적 무관심에 나조차 고개를 숙여야 했다. 일베란 대한민국 극우 성향 남초 커뮤니티 사이트이다. 애초에 디시인사이드 갤러리의 '일간 베스트 게시물'을 모아 저장할 목적으로 개설되었다. 그 뒤 2011년 디시인사이드에서 독립하여 설립되었다. 초기에는 냉소적인 글들로 이루어졌으나 2012년 대선을 전후로 이명박과 박근혜를 지지하며 완전 극우 사이트로 바뀌었다. 그러다 보니 고 노무현 대통령을 조롱하는 데 앞장섰다. 이들은 식민지 시대에 일제에 의해 주입되었던 일본은 선진국이고 헬조선은 후진적이라 믿고 있다. 따라서 친일 뉴라이트 계열과 거의 일치하며 인권 의식을 경시하는 편이다.

나는 뉴라이트인 이명박이 언론을 장악하기 위해 댓글 부대를 동원하여 이렇게 만든 것은 아닌지 의심하고 있다. 사실 극우라 하는 것은 우익 극단주의로 "내 나라 내 조국을 위한 급진적 보수주의여야 된다." 하지만 우리나라 극우들은 일본의 극우들에 의해 움직이는 꼭두각시 같다. "내가 힘이 없어 침략당했다면 내가 힘을 키워 갚아 줘야 한다." 그럼에도 불구하고 보수라 주장하는 자들이 대한제국을 침탈한 일본의 주장을 그대로 되뇌고 있다. 마치 흠씬 두들겨 맞고 상대가 멍에 좋다고 계란 한 개 던져 준 걸 찬양하는 꼴이다. 이는 스스로 생각하거나 행동하길 두려워하여 스스로를 노예로 깎아내리는 노예근성이다.

나는 2009년 지신 카페에서 김 대표를 처음 만났다. 나는 당시 『바닥부터 시작하는 왕초보 부동산 경매』를 출간했고 김 대표는 『부동산 경매 비법』을 출간했다. 내가 경매를 제대로 배워 보려고 지신 카페에 자주 얼굴을 비춰 그 인연이 지금까지 이어졌다. 그동안 추구하는 목표나 지향점이 크게 다르지 않았고 정치적인 얘기는 할 기회가 없었다. 하지만 임대사업을 함께하며 김 대표와 조금씩 정치적 트러블이 생겼다. 투자 관련해서는 별문제가 없는데 2022년경, 대통령 선거 때부터 계속 나와 상반되는 주장을 폈다. "이재명은 천하의 나쁜 놈."이라던가! "일본에 의해 근대화가 되었다."라고 했다. 하지만 나는 "검찰 출신 윤석열이라 자신이 당선되기 위해 죄가 있는 것처럼 억지 기소한 것이다." "일본이 우리나라를 근대화시킨 게 아니라 수탈한 것이다."라고 했다. 우리가 사무실에서 정치 얘기로 언성을 높이면 주위에 있는 사람들이 싸우는 줄 알고 식겁했을 정도였다. 김 대표는 유튜버였기에 어그로를 끌려고 일부러 그러는 줄 알았다. 하지만 진심으로 윤석열을 응원해서 깜짝 놀랐다. 내가 본 윤석열은 입만 열면 거짓말을 하는 나쁜 사람이었다. 본인 스스로 "검사가 수사권 기소권을 갖고 보복하면 그게 양아치지 검사냐?" 했다. 하지만 조국을 수사할 때 사모펀드로 '권력형 비리'라 떠들다 나온 게 없자 가족과 주변 사람들을 수사했다. 하지만 사모펀드는 오히려 조카에게 사기당한 거였고 별 내용이 없었다. 그사이 100만 건 가까이 되는 비판 기사가 쏟아졌고 수백 회의 압수수색이 이루어졌다. 그렇게 털어도 나오는 게 없자 사람들이 검찰을 의심하기 시작했다.

 검찰이 궁지에 몰릴 때쯤 '동양대 표창장'으로 70차례가 넘는 압수수색을 했다. 권력형 비리가 안 나오자 수사 방향을 입증하기 어려운 자원봉사로 가져갔다. 누가 고등학생 때 자원봉사 간 것을 일일이 다 기록하여 보관하고 있나? 내가 본 표창장 사건은 말도 안 되는 것이다. 어머니가 교수로 재직 중이었고 실제로 딸이 자원봉사를 했으니 표창장 하나 챙겨 주는 게 뭐 그리 어려운가? 교무처 직원들에게 하나 만들어 달라 하면 그만인데 '굳이 위조까지 할 필요가 있을까?'였다. 일반 사람이 표창장을 받긴 힘들어도 학교에 재직 중인 그것도 교수가 만들어 주는 건 일도 아니다. 당시 김어준의 방송에 출연한 입시 전문가는 "표창장은 입시에 아무런 영향을 주지 않았다." 했다. 표창장 자체로 가산점을 주지 않았다는 것이다. 실제로 해당 학교에서도 표창장에 의해 "당락이 결정된 것은 없다."라고 했다. 하지만 검찰은 표창장을 위조해 업무를 방해했다고 몰아갔다.

끝없는 압수수색에도 아무것도 나오지 않을 때 조국 폴더 사건이 터졌다. 이때부터 사면초가에 몰렸던 검찰의 대대적인 반격이 시작되었다. 연일 조국을 때리는 기사가 나오며 상황이 완전히 역전되었다. 하지만 검찰이 조국 폴더를 발견했다는 시간보다 SBS의 보도가 먼저 나왔다. 뒤늦게 '정경심 PC 표창장 발견' 보도는 허위 보도임이 밝혀졌다. 이에 대해 해당 기자는 징계를 받았지만 결과적으로 동기들보다 먼저 승진했다. 김 대표는 자신이 노동운동을 할 때 조국은 지도부 쪽이었고 사노맹이었다는 걸 강조했다. 하지만 조국은 법무부장관 인사청문회에서 이미 자신의 의견을 밝혔다. 그리고 기자들의 질문에 "28년 전 그 활동을 한 번도 숨긴 적이 없습니다. 자랑스러워하지도 않고 부끄러워하지도 않습니다. 20대 청년 조국, 부족하고 미흡했습니다. 그러나 뜨거운 심장이 있었기 때문에 국민의 아픔과 같이하고자 했습니다."라고 했다.

1991년 당시에는 전두환 독재정권이 끝나고 노태우 정부 시절이었지만 남한사회주의노동자동맹이 사회주의 건설을 위해 무장봉기를 계획했다며 박노해·백태웅 등 300여 명을 기소한 사건이 있었다. 조국은 사노맹 산하 '사과원'에서 활동하다 구속되어 5달 만에 집행유예로 풀려났다. 법원에서 사노맹은 "폭력혁명에 의한 사회주의 건설 지향"이라 반국가단체이나 사과원은 "국가 전복이 아닌 사회주의 이론 제공"이기에 이적단체로 판단했다. 조국의 판결문에는 "사회주의 학문적 연구를 위해 참여를 했고 사과원 8개월 만에 탈퇴 후 과거 활동을 후회하고 있다."라고 적혀 있다.

당시는 독재정권에 맞서며 경제민주화 운동을 추구하던 시절이기에 지금의 잣대로 보면 안 된다. 사노맹 사건의 핵심 인물들은 1998년 사면 복권된 뒤 이명박 정부 시절 민주화 운동 관련자로 인정되기도 했다. 누구나 실수를 하고 찌질하던 시절이 있다. 나 또한 20대에는 엄청 찌질했다. 만일 신이 20대로 보내 준다 해도 나는 되돌아갈 생각이 없다. 내가 아무 생각 없이 살 때 조국은 사회주의를 꿈꿨다. 나는 인간의 탐욕 때문에 사회주의는 절대 불가능하다고 생각하는 사람이다. 하지만 그게 나쁜 사상이라고는 생각하지 않는다. '누구나 다 같이 잘 먹고 잘 살자'는데 뭐가 나쁜 사상인가? 사회주의 공부를 안 해 봐서 자세히 모르지만 민주주의도 문제가 많다. 국가를 이끄는 것은 소수의 사람들이다. 민주주의라 해서 다수의 생각이 꼭 옳다는 보장이 없다. 불평등도 심각하고… 그렇다고 체제만 비판하면 아무것도 바뀌지 않는다. 그러니 내가 할 수 있는 일을 찾아서 묵묵히 하면 된다.

나는 조국 사태를 보며 윤석열이기에 가능했다고 봤다. 검찰과 판사만 손잡으면 "신이라도 감옥에 넣을 수 있을 것 같다." 조금이라도 양심이 있는 사람이라면 이런 일을 벌이지 못했을 것이다. 결국 수십 가지 죄명을 씌워 정경심 교수를 감옥에 보냈다. 조국 전 법무부장관이 조국혁신당으로 비례정당을 만들 때 나는 많은 사람들이 지지해 줄 것이라 믿었다. 실제로 비례정당 투표에 24.25%의 득표를 얻어 국회의원 46석 중 12석을 차지했다.

  김 대표는 사노맹인 조국을 맹목적으로 싫어했고 난 그것을 트라우마로 봤다. 20대 초반 민주노총의 마산·창원지역 홍보부장을 하며 사회주의를 찬양한 것에 대한 반성이라 생각했다. 그리고 그 트라우마로 민주당조차 싫어했다. 자신이 노동자들을 선전 선동하여 사회주의를 찬양했다고…. 그래서 5.18 광주 민주화 운동도 폭동으로 믿고 있다. 어떻게 시민이 경찰서를 습격하고 도청을 점령하냐고… 지만원의 빨갱이 타령을 진심으로 믿었다. 나는 자칭 보수 유튜버라 주장하는 사람들의 영상을 안 본다. 그저 정치적 목적으로 까대기 위해 사실과 관계없이 비난하는 것처럼 보였다. 비난을 위한 비난 방송을 보는 것만큼 위험한 게 없다. 의심조차 안 하고 들으면 그대로 세뇌당한다. 자신이 듣고 싶어 하는 말만 듣는 확증편향이 생기기 때문이다. 하지만 김 대표는 내가 바뀌지 않을 것을 알고 있고 나 또한 김 대표가 바뀌지 않을 거라 생각한다. 그래서 비상계엄 이후 김 대표에게 "나는 말을 잘 못하니 글로 내 의견을 밝히겠다."라고 했다. 아들에게는 "너의 중심을 잡으라는 의미에서 아빠의 생각을 정리하게 되었다."라고 했다.

  물론 나의 생각이 100% 옳다고 생각하지 않으며 언제든 바뀔 수 있다. 하지만 사람들이 최소한 남의 의견에 무조건 따르지 않았으면 한다. 유시민 작가의 경우 언변이 좋고 글도 잘 쓴다. 난 전문적인 글쓰기를 배운 것도 아니고 그냥 소설이 쓰고 싶어 『날천순악』이라는 SF 판타지 장편 소설을 출간했다. 『날천순악』은 날라리 천사와 순진한 악마의 줄임말로 '악마 같은 천사와 천사 같은 악마의 좌충우돌 모험담'이다. '좋은 일을 하고자 했는데 결과가 나쁘거나, 나쁜 짓을 하고자 했는데 결과가 좋다면? 선과 악이 동전처럼 앞뒤만 있는 게 아니라 옆면처럼 애매모호한 지점이 있다면?' 하는 생각에 글을 쓰게 되었다. 앞서 실화를 바탕으로 무고죄 준강간 사건을 다룬 『돼지』라는 소설도 출간했다.

나는 2020년 1월 서영교 의원의 출판 기념회인 북콘서트에서 유시민 작가를 처음 보았다. 정치인이 아닌 작가라는 호칭을 더 좋아했는데 방송에서 본 것보다 체격이 좀 왜소해서 볼품은 없다. 하지만 이 시대의 지성인임은 틀림없다. 이날 내 결혼식에 주례를 서 준 이순재 선생님도 오셔서 인사를 드렸다.

유시민 작가는 서영교 의원이 비리 의혹으로 한참 떠들썩했을 때 서 의원을 비판한 것에 대해 사과했다. 조선일보는 서영교 의원의 가족 보좌진 채용 논란과 더불어 2012년 부산고법 국정감사 후 부장판사 이상급 식사 자리에 남편인 장유식 변호사를 합석시켰다 보도했다. 하지만 이는 명백한 오보였지만 이로 인해 2016년 서영교 의원은 민주당을 탈당해 무소속으로 활동했다. 유시민 작가 또한 조선일보에 속아 「썰전」을 할 때 "취재를 열심히 하는 편인데 그때는 갑자기 이 일이 올라와서 무책임하게 좋지 못한 비평을 해서 마음에 걸렸다. 나중에 확인해 보니 오해를 받을 수 있을지 몰라도 도덕적으로 비난을 받거나 법적으로 책임을 져야 되거나 하는 일은 전혀 아니었다. 제가 언론보도만 챙겨 보고 직접 취재를 안 하고 하는 바람에 큰 실수를 했다. 그래서 신문 방송에 나온 거 너무 믿었다가 저처럼 낭패 보는 수가 있다. 너무 미안하고, 달리 '전화해서 미안합니다' 해서 될 문제는 아닌 것 같아 서영교 작가의 북콘서트를 한다 해서 여기 와서 반성문도 쓰고, 의논도 하고 싶어서 잠깐이라도 오게 되었다."라며 "미안해요."라고 사과했다.

인간은 신이 아닌 이상 오해도 하고 실수도 하고 잘못도 저지른다. 하지만 거짓 정보를 이용하는 사람보다 거짓 정보를 퍼 나르는 사람이 더 나쁘다고 본다. 「서동요」처럼 거짓말이 계속 확대 재생산되면 그것이 진실인 양 알게 되는 것이다.

심리학에서는 동조현상을 3의 법칙으로 설명한다. 이는 3명이 같은 행위를 하면 다른 사람들이 그 행동에 동조하는 현상이다. 실제 실험에서도 수십 명이 다니는 횡단보도에서 한 사람이 하늘을 보면 아무도 동요하지 않는다. 두 사람이 하늘을 봐도 동요하지 않는다. 하지만 세 사람이 하늘을 보면 주변에 있던 모든 사람들이 하늘을 쳐다본다. 신천지도 새로운 신도를 포섭할 때 교인 여럿이 힘을 합친다. 혼자 작업하는 것보다 여럿이 거들면 효과가 좋기 때문이다. 성격 유형별로 나누고 접근 단계도 체계화한다. 말도 안 되는 소리를 해도 여럿이 합세하면 동조하게 된다. 외눈박이 마을에 두눈박이가 가면 혼자 병신이 되기에 멀쩡한 눈을 가려 외눈박이처럼 행동하듯이….

인간의 뇌는 컴퓨터 프로그램처럼 입력한 대로 따른다. 윤석열이 친위 쿠데타를 일으키고 계몽령이라 변명하는 모습에도 끝까지 믿는 사람들이 있다. 작금의 사태를 보며 자신의 행동을 책임지지 못하는 사람들이 많은 것을 보았다. 최소한 "자신의 말과 행동에 책임지는 사람이 되어야 하지 않을까!" 싶다. 그리고 미디어를 무조건 믿을 게 아니라 왜 그런지 한 번쯤 되짚어 보았으면 하는 바람이다.

나치 독일의 중앙선전국장이었던 파울 요제프 괴벨스는 "나에게 한 문장만 달라. 누구든 범죄자로 만들어 주겠다."라며 "대중은 간단한 거짓말을 반복해서 듣다 보면 결국 그것을 믿게 된다."라고 했다. 민중은 개돼지라는 소리를 듣지 않으려면 스스로 생각하는 힘을 길러야 한다.